思春期の子に、本当に手を焼いたときの処方箋33

土井高徳

Doi Takanori

小学館新書

はじめに

福岡県北九州市でファミリーホーム（里親ホーム）をやっているわが家には、思春期の多感な子どもたちが次々とやってきます。現在生活している青少年は11人ですが、この37年間に１００人を超える青少年がわが家でともに暮らし、自立していきました。

わが家にやってくる子どもたちは心に大きな痛手をかかえてきます。その痛手を癒し、元気を取り戻すために必要なのが、食事と睡眠、そしてにぎやかな会話という「何気ない毎日の暮らし」です。子どもたちはわが家の門をくぐる以前、親子団らんという当たり前の生活をうばわれてきたからです。

心に深い傷を持った子どもの場合、専門家と手を取り合い、特別な治療と教育が必要となります。子どもたちに家族として24時間寄り添い、養育を通じて自立を促し、社会に送り出す。わが家の取り組みは、海外では「治療的里親」と呼ばれています。

現在、教育、心理、医療、福祉、矯正などの専門家を悩ませている青少年たちがいます。虐待、非行、発達障がいの子どもたちです。しかしそれぞれの子どもたちは、はじめから深刻な問題をかかえていたわけではありません。

非行少年の過去に虐待やいじめなどの迫害体験が少なからず存在していて、その体験が本人を非行へと走らせる一因になっているのです。また、虐待を受けた子どもが発達障がいと似たような状態を示すことは専門家にはよく知られています。

わが家ではこうした深刻な発達上の課題をかかえた子どもを長年受け入れてきました。専門家や学校、施設が「困った子ども」と考え、対応に苦慮している子どもたちは、実は本人自身が一番「困っている」のです。その問題行動の本質は「周囲にヘルプを求めている行動」なのです。

わが家では、子どもの心の中に散乱したままの出来事や感情を結びつけ、一人ひとりが自分自身の言葉で自らの「物語」を紡ぎだせるよう支援をして、心身の回復を図ります。周囲との信頼関係を支えに社会的な自立を果たしていくことが、わが家の子ども支援のゴールです。

しかしこうした課題を達成するのは、長い子どもの発達過程のなかで思春期中期から後期にかけてのことです。親や支援者はこのステージに一日も早く到達したいとの誘惑に駆られるものです。しかし、拙速は避けましょう。その前に本書でご紹介する「安全感のある暮らし」の提供と、自己を「コントロールする力」を養わせる前段階のステージに丁寧に取り組んであげてください。子育てはマラソンです。決して急いではなりません。

本書で紹介する思春期の子育てのテクニックは、子どもたちと24時間生活をともにするなかで、私自身が「やってみてよかった」「実際に効果があった」と実感したものばかりです。子育てや青少年指導に困難を感じている方には今日からすぐに役立てていただけます。

深刻な課題をかかえている子どもたちに有効なテクニックは、思春期特有の心身が不安定な一般の子どもたちには、なお一層効果があります。読み進めながらそれぞれの処方箋を毎日の暮らしで実行していただくと、その有効性に気がついていただけるでしょう。

同時に、親や支援者が思わず陥りがちな視点の偏りや、怒りの感情統制の重要性についても記しました。親や大人が自ら変わることで、子どもも大きく変化をします。ヒトを「人間」と表記するのは、個体としてのヒトではなく、ヒトとヒトの間、その人を取り巻く「関係性」を示唆しているのです。

本書は思春期の子どもの心がわからない、行動が理解できないという大人のために執筆されました。子育て中の親を念頭においていますが、学校の教師や児童福祉施設の指導員、子ども家庭分野のワーカーといった教育や児童福祉、少年司法や矯正教育の現場で子どもと関わる皆さんのお役にも立てる内容になっています。

本書を通じて、思春期の子どもへの接し方、声のかけ方について理解が深まり、子どもたちとの困難な関係に対処し、改善の一助となれば、これほどうれしいことはありません。

思春期の子に、
本当に手を焼いたときの処方箋33

目次

はじめに 3

第1章 思春期の子どもの胸のうち 13

思春期は、小学4年生から／態度が豹変するのはなぜ？／親として必要な3つの心構え／思春期の子育て「べからず集」／年齢に応じた接し方を／キーワードは「安心」／大事なのは「待つこと」／子どもの問題は、親の問題／照れずに、ほめる／「見つめる・聴く」から始まる／小さなことからイイトコロサガシを／ほめ上手になるために／「どうせ僕なんか」／子どもの顔がパッと輝くとき／否定語を使わない／叱った後にほめる

第2章 まずは、親が変わる 35

思春期とは、親と子が「心のオムツ」をはずすとき／立ち枯れ

の子、根腐れの子／親子関係は鏡／子どもと向き合う3つの工夫／一貫性と継続性のある「物差し」を

第3章 思春期の子育てに、すぐに効く処方箋——子どもとの接し方のテクニック

その1　子どもをダメにする10の叱り方
その2　してみせて、言って聞かせてさせてみせ
その3　「きちんと」「しっかり」では伝わりません
その4　子どもの話をじっくり聴く「傾聴タイム」をつくる
その5　大事なことを伝えるときは、しっかりと目を合わせる
その6　子どもとの会話は「肯定的応答」で
その7　制止する、無視する、称賛する
その8　「許しがたい行為」と「望ましい行為」への対応
その9　「望ましい行動」を率直に、短くほめる
その10　中止させるときには「予告」をする

その11　してほしくない行動は、無視をする
その12　注意は、近づいて、穏やかに、小声で
その13　相槌は、子どもの言葉をそのまま繰り返す
その14　「壊れたレコード」のように同じ言葉を繰り返す
その15　言ってもわからない子には「目で見て」理解させる
その16　片づけられない子には目で見てわかる工夫を
その17　言葉が乱暴な子にはTPOに応じて言葉を使い分ける
その18　時間の使い方は、頭の整理から
その19　指示は簡単に

第4章　思春期の子育てに、すぐに効く処方箋――親が感情をコントロールするために

その20　手をかけずに「目をかける」
その21　自尊感情を高める目標の立て方
その22　言葉の力で子どもを変える

その23　「言葉」と「行動」が矛盾してはいけない
その24　どうしても怒りが抑えられないときには
その25　親が自分の怒りをコントロールする方法
その26　頭が真っ白になったときには
その27　子ども時代の自分と向き合ってみる
その28　「この子さえいなければ」と思ったら
その29　子どもが安心できるのは、特別で特定の人
その30　荒れた子を回復させる「自己形成モデル」
その31　子どもとの交流が、叱る場面にかぎられていませんか？
その32　自分の子育てにフッと微笑むコツ
その33　あなたなら、大丈夫です

おわりに

校正／菅村 薫
販売／伊藤 澄
宣伝／安野宏和
制作／粕谷裕次
編集／木村順治

第1章

思春期の子どもの胸のうち

思春期は、小学4年生から

思春期といえば中高生、という先入観がありませんか？　思春期は大人への移行期です。期間は10年以上ありますが、実は劇的な変化を見せるのがちょうど小学4年生ごろからはじまる思春期初期。

「お母さん、お母さん」とまとわりついていたかわいいわが子が突然、「クソババア」「死ね！」といった暴言を吐く。または、部屋に閉じこもって出てこない。それでお母さんたちは戸惑い、悩んでしまうわけです。

思春期の子どもの暴言は、どこの家庭でもあることです。ただ、親が適切な対応をしないと、親子関係がこじれて、子どもが問題行動に進んでしまうことがあります。とりわけ小学校高学年の時期には、発達障がいの二次障害や不登校や引きこもりなどの不適応、非行が始まることが多いので、早めの対処が必要です。

子どもは大人になるまで、次のような過程を経て成長します。

○乳幼児期（0歳〜2歳半）

○小児期(2歳半〜小学校入学)
○児童期(6歳〜8歳半)
○前思春期(8歳半〜10歳)
○思春期初期(10歳〜13歳)
○思春期中期(13歳〜18歳)
○思春期後期(18歳〜22歳)

態度が豹変するのはなぜ?

思春期になると子どもの態度はなぜ突然変化するのでしょう。

10歳から15歳は「第二次性徴期」と呼ばれ、男の子には男性ホルモンが、女の子には女性ホルモンが大量に分泌されます。男の子は肩幅が広がり、声変わりをして、ひげが生えてきます。女の子は初潮があり、胸がふくらんで、体全体が丸みを帯びてきます。

体が急激に変化すると同時に、自我の目覚めも起こります。一体だった母親から自立しようとする「精神的乳離れ」の時期を迎える半面、反抗しても受け入れてくれる存在として母親を見ています。

親から自立しなければならないと思いつつ、甘えていたい。自立することへの不安もある。そんな矛盾した感情に子ども自身が引き裂かれているのです。

親との距離感がわからないし、どうふるまっていいのかもわからない。この時期の子どもたちは、「家庭」という港から荒海に出ていく小舟のように、自分でも自己コントロールできない状態なのです。

とくに思春期初期の子どもたちは、大変です。小学校では学習内容が、具体的なものから抽象的な概念が必要な内容に変わるために、学習困難に突き当たる「10歳の壁」の時期にあたります。小学校高学年にさしかかると子どもを取り巻く環境が大きく変化し、自己をコントロールすることが難しくなるのです。また、発達障がいの子のなかには、この時期に他者の心の動きを類推し、他者が自分とは違う信念を持っているということを理解する「こころの理論」を獲得しはじめることがあります。その結果、今まで気づかなかったいじめにあっていることに気づき、不登校やひきこもりにつながるケースがありますので、注意が必要です。

親として必要な３つの心構え

思春期の子どもたちをしっかりと受け止めるためには、３つの心構えが必要です。

１ 父母連携

両親が子どものために力を合わせ、連係プレーができる体制をつくっておきましょう。ひとり親家庭の場合は、学校の先生やお母さん仲間など、地域の人々に協力を求めてください。親が子どもの問題を丸抱えする必要はありません。私たち里親は「社会的な親」ですが、里親以外にも、子どもの育ちの過程に関わっている大人はたくさんいます。

２ 子どもに親の悩みを相談しない

親には「子どもを守る」という役割があります。でも、子どもが10歳以上になると、母親は自分の不安や不満、葛藤を子どもに語ってしまうことがあります。子どもは母親の話をじっと聞いて、「小さなカウンセラー」の役割をしているのです。

本当は、子どものほうが自分の話をじっくりと聞いてもらいたいのです。でも、「お母さんはつらいのだから、わたしががんばらないといけない」と、背伸びをしている。そういう状況が往々にしてあります。

親は、子どもに安易に夫婦間の葛藤や親の悩みを語ったり、相談したりして、子どもの不安をかきたてないようにしてください。

3　母親は娘の、父親は息子の身近なモデル

母親は娘の、父親は息子の身近なモデルとして、家庭の中でそれぞれの役割を果たすことが大事です。そうすれば、子どもは家庭内で不要な緊張を感じることなく、身近な親を自己形成モデルにして未来を開いていきます。

思春期の子育て「べからず集」

思春期の子どもと向き合うときに、してはいけないことがあります。

1　子どもと対等になって衝突しない

子どもが母親に向かって罵詈雑言《ばりぞうごん》をぶつけてきたとき、カチンと来るのは親が子どもと同じ精神年齢になっているからです。子どもと同レベルに下がると、衝突や対立が起きるので、同じレベルにならないことが大事です。

2　子どもを傷つける言葉を使わない

暴言は、「これくらい言っても受け止めてもらえるだろう」という親に対する甘えの裏返しです。子どもにいろいろ言われて傷ついたから、「あなたも傷つきなさい」とやり返すのは、大人のすることではありません。

今の子どもたちの多くは、壁に粘土をたたきつけるような荒い言葉を吐きます。そういう言葉を聞くと、私は「育ちの過程で荒い言葉しかかけられてこなかったのだろうな」と思います。大事にされなかった人は、相手を大事にすることができません。優しい言葉をかけるようにしてください。

3　ガミガミ言わない

親は怒りはじめると、つい過去にまでさかのぼって怒ってしまいます。でも、それは逆効果。話が長引くと、最初は素直に聞いていた子どもも、いやになってしまいます。目の前のことだけに関して短く諭すこと。長い説教はダメです。

4　子どもを追い詰めない

親子の衝突は往々にして起こります。しかし子どもといえども心を持っています。窮鼠《きゅうそ》猫を噛むのたとえもあります。やりすぎは禁物です。もちろん体罰は論外です。

5　子どもを突き放さない

「あなたなんか知らない」「勝手にしなさい」。ついこうした言葉を使ってしまったことはありませんか。子どもの心を深く傷つけるだけでなく、言外の意味を理解できない年齢や発達に課題をかかえているお子さんが、文字どおり勝手にしてしまったということが起こりかねません。

年齢に応じた接し方を

昔から言われている子育ての知恵をご存じですか。

乳児は肌を離すな。幼児は肌を離して、手を離すな。少年になったら、手を離して目を離すな。青年期に入ったら、目を離して心を離すな。子どもが思春期になったら、手は離して、でも、目は離さずに見守りましょう。

キーワードは「安心」

子どもが思春期になると、親にも変化が訪れます。父親は会社で責任のある立場になったり、専業主婦だった母親もパートの仕事を始めたり、家族関係にも変化が表れる時期です。

そうしたときに基本となるのが、安心して生活できる環境を整えること。子どもが帰ってきたときに、ホッとできて、居場所のある家庭を用意してください。

何に安心を感じるかは、子どもによって違ってきます。スキンシップを喜ぶ子もいれば、うっとうしいと思う子どももいます。その子の安心感がどこから発生するのか――

風呂なのか、食事なのか、家族との会話なのかを見極めましょう。なかでも食事は重要ですね。心を満たす前に、まずおなかを満たしてやることは、成長期の子どもにとって大事なことです。

大事なのは「待つこと」

思春期の子どもに対しては「待ってやること」が大事です。子どもには自ら立ち直る力があります。だから、つかず離れずの距離をとって、でも、「いつも見守っているよ」というメッセージは伝えてください。短い手紙やメモを渡したり、お弁当に子どもの好物を入れるのもいいですね。

子どもに話を聞いてもらいたいのであれば、親がまず、子どもの思いを聞いてやることです。子どもなりの葛藤や混乱の感情を全部引き出して、その上で話すと、最低ひとつは、子どもの心に入っていきます。親はいつも「受け」の態勢でいてください。

思春期における子どもの変化は非常に大きく、中学一年と三年では、体つきが全然違います。その変化に的確に向き合うことで、親も親としてトレーニングされるのです。

子どもの問題は、親の問題

子どもが、言葉にできないつらさや寂しさを体で表現するのはよくあることです。私が関わったある兄弟は、兄は偽てんかん、弟は非行という形でそれを表しました。

彼らの両親には離婚の話が出ていたのですが、子どもが目の前でバターンと倒れたら、争っている夫婦も協力せざるをえません。学校や警察から呼び出しが来たら、会話をしなければなりません。兄弟は自分たちの家庭が崩壊の危機に陥ったとき、それぞれの方法で何とか守ろうとしたのではないか。そんなふうに、私は感じたわけです。

子どもの問題に、夫婦や親の問題が隠れていることはよくあります。親がそれに気づくと、子どもへの対応が全然違ってきます。子どもに原因を求めるのではなく、親が自分自身を振り返り、家族のありようを考えることで、家族再生のきっかけになることはたくさんあると思います。

子どもを変えようと考えないで、親がちょっとした工夫や努力をしてみてください。親の態度に少し変化が出てくると、子どもの態度にも変化が生まれてきます。子育ては親自身の「己育て」でもあるのです。

照れずに、ほめる

親にほめられたって、もう、うれしくはないだろう、と思われがちな思春期。ほめても、とってつけたようで照れるというのも正直なところ。でも「ほめる＝認める」は、気持ちが揺れる思春期だからこそ必要です。

思春期になると、幼いころのようにわが子をほめられない。そういう親御さんも多いと思います。何かにつけて反抗的な態度をとりはじめ、親の言うことをきかなくなる時期。確かにほめるのは難しいかもしれません。

しかし、思春期こそわが子をどんどんほめましょう。親からの賞賛は子どもにとって最大の報酬。気もちの軸が揺れ動く時期だからこそ、「親が自分を認めてくれている」という安心できる環境が、子どもの成長を後押しする推進力になります。

「見つめる・聴く」から始まる

ほめるというとすぐにほめ言葉をイメージする大人も多いかもしれません。しかし、ほめるという行為には3つの段階があると考えてください。

ひとつ目はまず子どもにまなざしを注ぎ続ける（注視）こと。次に子どもの言葉にじっと耳を傾ける（傾聴）こと。そうすれば必ずほめるべき言葉（称賛）が出てきます。

たとえば、親子で話し合って「毎日、自分で起きる」「ゲームは一日1時間まで」など小さな目標をたくさん紙に書き出してはいかがでしょう。「達成できたら週末は2時間ゲームをしてもいいよ」などと、ちょっとしたごほうびを用意すると、子どものやる気も高まります。そして、その目標を達成できたら「よくできたね、えらい。お母さんもうれしいわ」と目を見て、心を込めて、ほめてあげましょう。

小さなことからイイトコロサガシを

成績が上がったり、何かで表彰されたりといった、華々しい結果だけがわが子をほめるポイントではないはずです。それよりもほかの誰もが注目しないような、小さな良い点を見つけてあげることが大事。「いいところ探し」を繰り返すうちに、何をもって幸せだと思えるか、あなたの価値基準も大きく変わるはずです。これは子どものトレーニングであると同時に、親自身のトレーニング。子どもをほめていくうちに、親の喜びも増えるはずです。

ほめ上手になるために

自尊感情、自己肯定感の低い子どもは次のような特徴を示します。

ほめられていない子の特徴

・「どうせ自分なんて」が口グセ。
・何をするにも自信が持てない。
・新しいことにチャレンジする意欲がない。
・注意力が散漫。
・失敗したらすぐにあきらめる。

ささいなことでもほめる

こうした自己有用感に乏しい子どもには、以下のようなささいなことをとらえてほめていきます。他人から称賛されるような華々しいことではなく、親しか知りえないささいなことを、むしろほめましょう。親に認められているという安心感が、この時期には必要です。

「今日の髪型かっこいいね」
「そのセーター似合うよ」
「ごはんをおいしそうに食べるね」
「最近、字がきれいになったね」
「本読んでいるときの顔がいいね」
「大丈夫、キミの後ろに○人いるよ」（成績が悪くて落ち込んでいる子に）
「靴のそろえ方がきれいだね」

できて当たり前のことでもほめる

ごはんをちゃんと食べる、家に時間どおりに帰ってくる。何事もできて、当たり前と思うとほめるところは見つかりません。これもできる、あれもできるという目で見て、いいところ探しをしましょう。

「いいあいさつができたね」
「自分から謝ることができたのはえらかった」
「最後まで話をよく聞けたね」（叱ったあとで）
「ルールを守れたね」
「朝、自分から起きられるようになったね」
「友達思いだね、人に好かれる人間になるよ」
「ちゃんと家に帰ってきたね」（約束の時間より遅く帰ってきたとき）

「どうせ僕なんか」

親からほめられた記憶がない。
私が運営している「土井ホーム」には、そんな子どもが大勢います。自分の内面にかかえた簡単には解決できない問題がストレスとなり、家出を繰り返す子、誰に対しても不信感を持って反抗する子、自分の殻に閉じこもって他人とのふれあいを拒絶する子……。なかには、親からひどい虐待を受け続けてきたため、「自分は悪い子なんだ」「たたかれても仕方のない価値のない子」と思い込んでしまっている子どももいます。

ほめられた経験がない子どもたちには、ひとつの共通点が見られます。それは、「どうせ僕なんか」「どうせ私なんて」という口グセです。親やまわりの人から認められた経験がないから、自分の価値に気づけない。自尊感情を持てずにいるんですね。だから何をするにしても自分に自信がない。新しいことにチャレンジするパワーが湧かない。

うちのホームに限らず、思春期になると「どうせ自分なんて」とすぐ口にする子どもも多いでしょう。何しろ精神的に不安定で、ちょっとした失敗に自信を失いやすい時期でもあります。そういう子どもたちは、どんなに反抗的な態度をとって強がっていても、精神的には弱りきっています。

ひとつの種が芽を出し、根を張り、茎を伸ばして、花を咲かせる。たくましい成長の背景には水やりという行為が欠かせません。ほめることは愛情という水やり。親からわが子に対する大事な愛情表現なんだということを、どうか忘れないでください。

子どもの顔がパッと輝くとき

「土井ホーム」の子どもたちの話に戻りましょう。ホームに集まる子どもは複雑な環境で育ち、社会的には問題児扱いされている子も少なくありません。けれども、どんな子どもにも必ず良い点はあります。私たちはいつも子どもたちを丁寧に見つめ、ほめるポイントを探します。

たとえば、家出を繰り返す子どもにも、帰ってきたら叱るのではなく「よく帰ってきたな。もう大丈夫、心配ないぞ」と声をかける。ごはんをたくさん食べたときは、「おまえの食べっぷりを見ていると気持ちがいいなあ」と笑いかける。ささいなことですが、そうして前向きな言葉をかけると、曇っていた彼らの顔がパッと明るくなるのですね。

そして、どんなに厳しく叱った後も必ず「最後までよく話を聞けたね、えらいぞ」とほめて終わる。

そして、小さなことを繰り返しほめることによって、「どうせ僕なんて」という口グセもなくなり、行動や生活態度も少しずつですが確実に変わりはじめます。言葉遣いや声のトーンが柔らかくなったり、ほかの子どもを思いやるようになったり、ガマン強く人の話に耳を傾けられるようになったり。ほめられることで精神的に落ち着いていくのでしょう。ありのままの自分を認めてくれる人がこの世にいることに気づける。それは人にとって何よりもうれしい安心感であるはずです。

不安な状況にいると人は注意力が散漫になります。その反対に安心できる環境の中では集中力が生まれます。家庭とはそもそも、子どもたちにとってどこよりも安心できる「居場所」であるべきです。子どもをほめる行為は「ここはあなたの居場所なんだよ。ちゃんと見守っているよ」というメッセージでもあるのです。

否定語を使わない

親だってできれば叱りたくはありません。だとしたら、叱るような状況を減らす努力をしましょう。そのためには、わが家のルールを決めること。「このルールを破ったんだから叱られても仕方がない」と子どもも納得できれば、素直に謝ることもできるでしょう。

叱り方にも、いくつかの工夫が必要です。そのひとつが「Ｙｏｕメッセージ」から「Ｉメッセージ」へのチェンジです。たとえば、

「今日はよくがんばったわね」

と事実を伝えるのがＹｏｕメッセージ。これをＩメッセージに変換すると、

「今日のあなたのがんばりを見ていて、お母さんも励まされたわ」

になります。つまり、子どもの行動を見守っている親（自分）がどう感じたかを伝えるということです。

そんなことを話すと思春期の子は「僕の気持ち、わからないくせに……」と反発する場合がありますが、「あら、でもお母さんはうれしいなって、そう感じたのよ」と素直な思いを伝えましょう。

できるだけ肯定語で諭すことも大事です。「○○するな」とか「○○したらダメよ」ではなく、「○○しようね」とか「○○をしてみるといいよ」という言い方を心がけましょう。否定的な言葉は否定的なイメージばかりをふくらませてしまい、子どもの心を

萎縮させる原因に。日ごろから自分の言葉遣いが否定語になっていないか確認してみてください。

叱った後にほめる

そして、何より大事なのは、叱った後にはその何倍もほめてあげることです。叱られた後の子どもはそこから先の見通しがつかず、不安ばかりが募るため、反発や言いわけが増えていきます。

逆に、お母さんが「あなたの良い部分を知っているよ」とメッセージを送っていれば、どんなに叱っても子どもの心が萎縮することはありません。子どもも素直に「ごめんなさい」「自分が悪かった」と謝りやすくなるのです。

「お母さんやお父さんは自分を心から心配しているんだ」というメッセージが伝わってこそ、はじめて子どもは素直に謝ることができます。謝りやすい状況をつくってあげるのも親の役目です。

第2章

まずは、親が変わる

思春期とは、親と子が「心のオムツ」をはずすとき

「甘えたい」と「恥ずかしい」が半々。子どもから大人へ心も体も変化する思春期。「子どもは多くの変化を受け止めるだけで精いっぱい」の時期です。思春期の子どもの自立に向けて、親のサポートのあり方を考えましょう。

思春期になるまでの子どもは、「心にオムツをしている」ようなもの。親があれこれと手をかけながら、成長をサポートしてあげる必要があります。しかし、思春期以降は心のオムツをはずす時期。わかりやすく言えば親離れ、子離れの時期に入るということです。

心身ともに変化が表れる思春期の子どもは、とてつもない混乱と、不安の真っただ中にいます。意味もなくイライラするのは当然。親に何かと反抗したくなる、それが普通です。なぜなら子どもにとって家族とは、安心して迷惑をかけられる唯一の関係。家庭は子どもが安心して、自分のままでいられる居場所でなくてはなりません。

思春期の身辺的自立は、やがて社会的な自立への足がかりをつかんでいく大事なステップです。親とつながりながら、自分をコントロールする能力を身につけ、徐々に親離

れしていくのが理想です。

親もまた、子離れする心構えが必要。子どもに手がかかる時期は確かに大変ですが、同時に手をかけてあげる喜びや充実感も得ていたはずです。しかし思春期に入ったら、これまでの「手をかけるサポート」から、「目をかけるサポート」へと、接し方を変えるべきです。

立ち枯れの子、根腐れの子

わが家にやってくる子どもの多くは、愛情不足で心の根っこに愛情という水が届かずに立ち枯れていますが、一方で愛情過多、過干渉で根腐れしはじめているという子どももいます。そうした子どもを目にすると、まるでペットのように扱ったり親の見栄のための子育てではなかったかと思うことさえあります。子どもには年齢相応の課題をこなす力をつけさせることも親の真の愛情です。

子どもは、親を見て育ちます。子どもに変わってほしいのなら、まずは親から変わることが大事です。思春期には思春期の子どもへの接し方がある。ここをすべての出発点に、思春期の子どもの自立をサポートしてください。

親子関係は鏡

子どもとどう向き合っていいのかわからなくて途方に暮れたことがありませんか。

私は37年以上にわたり里親として子育てをしてきました。里親というのは親の役割をプロとして実践している人たちです。

英国では里親に国家資格を与え、もっとも困難な子どもを扱う里親には病院勤務医と変わらぬ報酬を用意しています。こうした子育てのプロは「専門里親」「治療的里親」と呼ばれます。

親の働きかけが、子どもにどのように影響するのか、子ども同士の相互性などをさまざまな先行知見に学び、現場で失敗を繰り返しながらも積み上げてきたプロとしての視座、心構え、臨床上の知恵は、子どもの養育に悩んでいる親や青少年臨床の人たちに示唆を与えるはずです。

わが家にやってくるのは、行き場のない子どもや心に深い傷を負っている思春期の子どもたちです。子どもは本来、成長するエネルギーを持っていますが、思春期は心身の変化が非常に大きく、子ども自身もその変化をコントロールできません。そういう子どもたちを預かっていると、さまざまな問題や摩擦が起きてきます。

私も最初のころは、子どもに対して、強い声で何回も同じことを言っていました。でも、どうもうまくいきません。

親子関係は鏡のようなものです。子どもを通して、親自身が映し出されている部分がたくさんあります。里親は親代わりの存在ですが、生物的な親ではないので、子どもとの関係を客観的に見ることができます。それで「子どもにメッセージを伝えるには工夫がいるな」と考えるようになりました。

子どもと向き合う3つの工夫

子どもと向き合うとき、私がいつも心がけていることが3つあります。

ひとつは、声を荒らげないこと。親が声を荒らげると、だいたいの場合子どもも声を荒らげます。言葉はキャッチボールですから、こちらが豪速球で投げれば、向こうも力いっぱい投げ返してくる。柔らかい球を投げればソフトに返してきます。穏やかに話すことは、子どもと向き合う出発点です。

それに、強い言葉を出したからといって、相手の心に入っていくわけではありません。子どもを叱っていて反応が乏しいと、「この子はちゃんと聞いているんだろうか？」と思って、ついつい耳元で怒鳴りたくなりますが、それは逆効果です。

ふたつ目は、メッセージの出し方です。「△△しちゃダメ」ではなく、「〇〇しなさい」と肯定的に言ったほうが、子どもには非常に通りがいいですね。

親はよく、子どもに「ちゃんとしなさい」とか「いい子でいてね」と言います。でも子どものほうは、どういう態度がいい子なのかわかりません。

「お客さんの前ではちゃんとしてね」ではなく、「お客さんが来たら、あいさつをして、その後は自分の部屋で静かに本を読んでいてね」というように、肯定的で具体的な指示を簡潔に出してください。

3つ目は、必ずほめて終わること。私はいつも、「最後までよく聞けたね」「がんばったね。ご苦労さん」と声をかけて終わります。子どもの自尊感情を高め、お互いの絆を確かめる言葉かけは、とても大事です。

親が子どもをしつけようとするのは、愛情から出る行為です。でもたとえば、栄養豊富だからといってニンジンを生のまま、丸ごと一本お皿に出されてもうれしくはないでしょう。せん切りにしてサラダにする、グラッセのように甘く煮る。そうやって、少し調理することによって、食べやすくなります。

メッセージも同じで、ストレートに出しても、子どもはそれを受け入れません。「言えばわかるよね」という押しつけでは通じない部分があります。子どもの心を開くには、まずは親がひと工夫してみましょう。家庭は診察室や心理面接室よりも巧みなカウンセリングルームだと私は考えています。言葉は少なくても、必ずどこかに変化が表れます。

私が難しい子どもたちと接するなかで、少しずつ積み上げてきた「臨床の知恵」。詳しくは次章以降に述べますが、ここでは基本をお伝えします。

①目を見て話す

今のお母さんは忙しいので、台所で食事の支度をしながら、子どもに注意することが多いようです。でも、何かをしながら、背中を向けて話すのはダメです。子どものほうもゲームをしたり、テレビを見ていたりするので、返事が上の空になってしまいます。大事なときには、仕事の手を止めて、子どもと向かい合ってください。そして、子どもの目を見つめながら、「私はこれをあなたに伝えたいのよ」という思いを込めて、丁寧に話してください。そのとき、テレビは必ず消すこと。テレビを見ながらする話は、その程度の話です。

もし、子どもが親の目を見られないとしたら、それは不安感の表れです。わが家に来る子どもたちも最初はそうです。でも、この大人は自分の味方だと思うと、自然に目が合ってきます。

②穏やかに、近づいて、小声で

穏やかに、子どもに近づいて、小声で話す。

これが子どもと話すときの原則です。大声で怒鳴られると、人は自分を守ろうとして、心理的な壁を建ててしまいます。子どもの心の扉を開かせるには、穏やかな語りから入

「怒る」と「叱る」の違い

怒る	叱る
感情的に	理性的に
自分のために	相手のために
過去に焦点をあてて	未来に焦点をあてて
怒りと勢いで	愛と勇気で
自分の言いたいように	相手に伝わるように
感情にまかせて	感情を統制して

ることが重要です。

③叱る時間は3分以内

「お叱りの部屋」では、端的に、短く話します。「これから、きみを叱ります」と宣言し、まず、「きみは○○しましたね」と事実確認をします。子どもは否定しますが、「したでしょう。このことに関しては、これで2回、注意しましたよ。わかりましたね」と念を押します。

基本的な注意は3分以内。長くても5分で終わらせます。子どもが集中できる時間は短いので、長く話しても効果はありません。

とくに大事なのは、子どもへの指導とは、感情にまかせて大声で「怒る」ことではないという点です。理性的に自分の感情と声をコントロールしながら愛情をこめて「叱る」ことが求められるのです。

一貫性と継続性のある「物差し」を

子どもを産むと、人は生物的な親になります。出生届を出せば、社会的な親になる。でも、親の大事な役割は、子どもの成長に必要なものを、適切に援助することです。そういう親を「心理的な親」と呼びますが、生物的な親だから、即、心理的な親になれるかというと、そうではありません。

親がイライラした感情を子どもにそのままぶつけてしまうことは、結構あるのではないでしょうか。または怒りにまかせて「あなたなんか、もう知らない」「どこかへ行ってしまいなさい」などと言ってしまう。子どもが「自分は守られている」という安心感を失うことは、広い意味での虐待だと思います。

親のエゴや見栄を子どもに押しつけるのではなく、

「あなたの成長を応援しているんだよ」
「あなたの確かな成長のために、これは必要なことなんだよ」
というメッセージの発信の仕方を、親は勉強すべきだと思います。言葉を変えるなら、子どもが「自分は愛されているんだ」と実感できるような叱り方ですね。

しつけというのは、親の思いどおりに子どもを動かすことではありません。子どもが家族や社会の一員としてその場にふさわしい行動をとれるように、学ばせること。そのためには親自身が自分をコントロールして、行動を通して子どもに学ばせる。その行動の意味も言葉できちんと説明して、子どもがそのとおりにできたら、ほめる。私はその過程をしつけだと考えています。

その際に大事なことは、親が一貫した、そして継続した「物差し」を持っていることです。どれだけ穏やかに話しても、昨日と今日とで親の意見が違ったら、子どもは混乱を起こしてしまいます。

また、メッセージというのは、言葉だけでなく、顔の表情や声の調子など、体全体を通して発しています。

子どもにメッセージを出すとき、言葉では「いいよ」と言いながら、心の中で「先に宿題をしたほうがいいのに」と思っていると、その気持ちが声に出てしまいます。二重のメッセージを出すのは、混乱のもとです。

先に「親子は鏡のようなもの」という話をしましたが、親子の間には相互作用が働きます。子どもが言うことを聞かないから、親は声を荒らげる。親が声を荒らげると、子どもも声を荒らげてくる。関係が悪化してきて、子どもが問題行動を増やす。親はさらに激しく声を荒らげる……。これでは、どんどん悪い方向に行ってしまいます。

一方、プラスの循環は、親が適切な関わり方をすることで、子どもが「親に受け入れられた」と実感でき、子どもの行動が改善される。すると、親も落ち着いてきます。困っている状態を抜け出して、プラスの循環に変えていく。そういう知恵を知っておくことで、親は精神的な余裕を持って、子どもに接することができます。

人は、ついつい理想的な親になろうとがんばってしまいますが、親としてもっとも大事な役割は、子どもが安心して暮らせる環境を整えること。家庭の中の人間関係や生活のリズムをきちんとすることは、子どもの成長にとって、欠かせません。

そのうえで、ある程度大きくなった子どもには、手をかけずに目をかけましょう。「あなたのこと、いつも見ているよ」というメッセージを常に発信していれば、子どもは安心して育っていきます。

第3章

思春期の子育てに、すぐに効く処方箋
子どもとの接し方のテクニック

親子関係は鏡である、と前章ではお伝えしました。親子関係には相互作用があって、関係が悪化すると一段と悪いループに入ってしまいますが、良い働きかけは良い結果を生み出す善循環へと変化します。

お待たせしました。それではいよいよ、思春期の子育ての具体的な処方箋をお伝えしていきます。ここでは親子の具体的な場面を想定して、実践的な言葉かけや接し方を紹介します。専門的な知識は必要ありません。いずれも子どもとの関係を好転させる即効性のあるテクニックです。

最初は形から入りましょう。繰り返すことで身につきます。お子さんにもすぐに変化がみられるはずですよ。

その1

子どもをダメにする10の叱り方

子どもがかわいくない親はいません。しかし、親だからといってどんな言葉でも子どもが心から受け入れてくれるとはかぎりません。つい何気なく、親が感情のままに発した言葉が子どもの心を傷つけ、その後の子どもの人生に大きな影響を与えることも少なくありません。

うつや不安障がいの人が陥りがちな否定的な思考パターンの根底には「私は無力で役立たずだ」と「私は愛される資格がない」のふたつの固い思い込みがあります。こうした人は「私は～をうまくやりさえすれば、愛されるかもしれない」と学業や部活動など目の前の課題に強迫的なほど全力を尽くします。ところがそれが挫折すると、周囲からすればほんのささいな失敗をしただけなのに「やっぱりダメだ、私は愛される資格がない」と思い込んで、否定的な思考のループに陥ってしまいます。

こうした自己否定的な信念の根っこには、どの親もよく使う「無自覚な叱り方」があることが少なくありません。子どもをダメにする10の言葉と叱り方を具体的に挙げてみましょう。身に覚えはありませんか？

1．口汚く責める

「靴をそろえて家にあがりなさいと何度言ったらわかるの。どうして、いつもそうなの。言うことを全然聞かないんだから」

2．バカにする

「部屋が汚いじゃないの。本当に犬と同じね」「また忘れたの？ バカねー」

3．脅す

「10数えるまでに着替えられなかったら、置いていくからね」

4．一方的に命令する

「今すぐ着替えなさい。早くして！」

5．説教が長い

「人の手から急にリモコンを取るなんて、行儀悪い。あなたはマナーというものがどんなに大事かわかっていません。もし他人に丁寧に接してほしかったら、まずあなたがそうするべきでしょ。他人があなたに同じことをしたらどう思う？　他人にしてほしくないことは、あなた自身がしないの」

6．過剰に警告する

「気をつけて、車にひかれるよ」

7．親が被害者のふりをする

「この白髪を見なさい。苦労ばっかりかけるから真っ白になっちゃったじゃない。自分が親になれば、お父さんがどんなに大変かわかるよ」

8．ほかの子と比較する

「○○ちゃんを見てごらん。なんてお行儀がいいんでしょう。お行儀が悪いところを見たことがない」

9. 皮肉を言う

「来週テストがあるのをわかっているのに、教科書を学校に忘れてきたの？　なんて頭がいいんでしょう」

10. ネガティブな予言をする

「親の言うことを聞かないなら結構。あなたみたいな子には友達がひとりもいなくなっちゃうからね」

このように日常よく使う叱り方であっても、自分自身が同じように叱られたら自分の自尊心や自信、安心感がどれほど傷つくでしょう。そんな想像をときどきしてみることが、子育て中のみなさんには必要ですね。

【一口メモ】

ここで紹介した叱り方を「心理的虐待」といいます。「虐待」といわれると驚くかもしれませんが、子どもの心を委縮させ、伸びやかな心身の成長を阻害する「無自覚な叱り方」と「虐待」との違いは、さほどありません。

否定的な養育環境で育ち、自尊感情が低いと、ささいな出来事で激高するなど極端な言動などに走ってしまいがちです。その結果、子どもの人生にも同様の事象が起こります。こうした親子間にみられる繰り返しを「虐待の世代間連鎖」といいます。ペアレントトレーニングではこうした自分の日ごろの養育態度を振り返り、自覚することから始まります。それは同時に自分自身の人生を振り返って整理することでもあるのです。

その2

してみせて、言って聞かせてさせてみせ

「ババア、うるさい！」

捨て台詞とともに荒々しく子ども部屋のドアが閉まり、大音響の音楽がドア越しに聞こえてきます。何度呼びかけても、お子さんからの返事はもうありません。あとに残るのは砂を噛んだような後味の悪さ……。

中学生ともなると、小学生のころとは子どもの態度が一変します。あなたの注意を聞かないばかりか、憎まれ口を利くようになります。冒頭のような場面を体験したことはありませんか。

尖ったお子さんの態度をみると、ついこちらも大声を上げてしまいます。しかし、大声を上げれば上げるほど逆効果。お子さんの反発もエスカレートします。途方に暮れている方もいらっしゃるでしょう。

実は、親が子どもをしつける方法や態度、子どもにかける言葉には、知っておくと効果的な対処方法があります。この対処法を知っていると、あなた自身が子どもに接する上でおのずと余裕と自身が生まれます。

里親を始めて37年。心に傷をかかえた多くの子どもがわが家の玄関をくぐりました。

親や友達と別れ、気持ちを整理できずにやってくるのですから、さまざまな出来事が起こります。まして思春期の子どもですから、荒波に浮かぶ小舟のように心は右に左に揺れています。

こうした子どもたちと24時間生活をともにしていると、子どもへの接し方がおのずと見えてきます。ある意味で、子ども自身が教えてくれた知恵です。こうした「臨床の知恵」の蓄積によってできあがったのが「思春期の子育ての処方箋」です。この処方箋の基礎には、いくつかの先人の知恵があります。

してみせて、言って聞かせてさせてみせ、ほめてやらねば人は動かじ

たとえばこの言葉の背後に、人間への深い洞察と豊かな知恵、巧みな工夫を感じないでしょうか。つまり親がまず手本をして見せ、それを子どもにまねをさせ、行為の意味や理由を説明し、その上で効果的なほめ方をすることで子どもはしつけられるのだ、というしつけのプロセスが明確にわかります。

思春期の子育てにはトラブルがつきものです。しかし、子どものタイプやトラブルの種類にかかわらず、あなたが変わることで、子どもも変化します。少しずつ心を開きはじめるはずです。

荒れる思春期は大人への第一歩。むやみに恐れず、お子さんとのしなやかで新しい関係づくりに取り組んでみませんか。舞台はあなたの家庭。主役は、あなた自身です。

【一口メモ】

「躾」という字は「身が美しい」と書きます。「しつけ」とは親が自らの行動をコントロールしながら、子どものモデルとなって、望ましい行動を学ばせることです。親による適切な「しつけ」によって、子どもは家族や社会の一員として、どのようにふるまえばよいかを学びます。最終的な目標は、子ども自身に自分をコントロールする力を身につけさせることです。

その3

「きちんと」「しっかり」では伝わりません

話がつい長引いて帰宅が遅くなったあなた。間もなくお客さんがみえる時間です。ところが急ぎ足で戻ったあなたが見たものは、散乱したゲーム機やおもちゃ。カーッとなったあなたはお子さんを呼んで大声で叱責しました。

「なんでこんなに散らかすの。ちゃんとしてよ！」

いらだったあなたの言葉にお子さんも反発します。

「ウザインダヨナー」

捨て台詞を吐いて荒々しくドアを閉めて部屋に消えてしまいました……。

きちんとやりなさい。しっかりしなさい。ちゃんとやりなさい。

こんな言葉でお子さんを叱っているお母さんはいませんか。こんな叱り方をする人は、学校の先生にも多いものです。しかしこうした言葉かけは、実はお子さんには伝わりにくいのです。どのように「ちゃんと」するのかがわからないからです。「ちゃんとしなさい」と言われても、どのように「ちゃんと」したらよいかわからない子はどうしたらいいのでしょうか。

このようなときには具体的な指示をしましょう。まずお子さんを呼びます。距離は1

メートル以内に接近させましょう。お子さんの目を見ながら、穏やかですが毅然と話します。

母「間もなくお客さんが来るからお部屋を片づけてほしいの」
子「えーっ」
母「10分以内にこのおもちゃ箱に入れて、いつものところに戻しておいて」
子「……」
母「お客さんが来ているときはごあいさつしたらお部屋で静かに本を読んでいて」
子「うん……」
母「お約束どおりできたら、買ってきたケーキを一緒に食べましょうね」
子「わかった。すぐやるよ」
母「ありがとう。ママ、うれしいな」

お子さんに指示して抵抗なく動いてもらうには、できれば前日にでも予告をして見通しを与えておくとよいでしょう。また、デジタルで具体的な指示は子どもの行動変化を引き出す際に有効です。たとえば、電話をしている最中に大声で騒いでいるお子さんに注意するときは、以下のように声をかけます。

「今の声の大きさが5なら、電話をしているので3の大きさの声で話してね」

このような具体的な指示と穏やかな声かけで子どもの反応は驚くほど変わります。ぜひお試しください。

【一口メモ】

親は将来を見すえて指導しますが、子どもは現在の感情にとらわれがちです。このギャップを埋める対処法が必要です。

ここで紹介した具体的な指示を出す方法は、行動療法やそれに基づくペアレントトレーニング、またコミュニケーションに困難をかかえる発達障がい児への支援方法にも共通するものです。困難をかかえる発達障がい児にわかりやすい方法は、定型発達の子どもにも通じやすく、ユニバーサルデザインと呼ばれます。

その4

子どもの話をじっくり聴く「傾聴タイム」をつくる

ご家庭でこんな会話をしていませんか。

母「早く宿題をしなさい」

子「え〜、疲れた」

母「終わったらおやつにするから早くやりなさい」

子「疲れた〜！（泣き叫ぶ）　のどが渇いたよ」

母「（強い調子で）早くしなさいと言ってるでしょ」

イライラが募ってついあなたも声が大きくなってきました。結末はお決まりの口論。バタンッ。お子さんは自分の部屋に消えてしまいました。

ふたりのやり取りをよく見てみましょう。子どもは親の話を聞いていませんが、実は親のほうも子どもの言い分を聞いていません。こうした応答を繰り返していると、子どもは「親は自分の言うことを聞いてくれない」「大人は子どもの感じ方、考え方を頭から信用していない」ということを学習します。その積み重ねが続くと、子どもは親の話をまともに聞かなくなります。

逆に、自分の言葉や気持ちや感じ方を受け入れてもらえたという体験は、親との会話を楽しくさせます。親から言葉や気持ちを返してもらうと、それが自分の言葉や気持ちを受け取り、理解する機会となります。子どもの訴えに対して「つらかったんだ」「悔しかったのね」と親が適切な反応をすると、子どもは混とんとした感情のひとつひとつにラベルをつけ、心の整理が進みます。その結果、自己をモニターする力が身についていきます。このように、自分の言葉や気持ちや考えを理解する機会が増えると、自分の気持ちや考えを通じて問題を解決する姿勢にもつながります。

子どもの話を「聴く」時間をつくりましょう。できれば子どもが話しかけてきたときは、できるだけ口をはさまずに聴く「傾聴タイム」にしましょう。

◆初級

①体と顔を子どもに向け、子どもの顔を見る。
②相槌をうちながら子どもの言葉に静かに耳を傾ける。
③相手が言い終わるのを待つ。

◆中級

①子どもが言ったことを、言葉で返す。

（例）「そうか。〇〇（子どもの名前）は、～したんだ」

②傾聴タイムのときは、子どもに指示やアドバイスをしない。

◆上級

①子どもの気持ちに名前をつけてやる。

（例）「それは、がっかりしたね」「恥ずかしかっただろうね」

子どもからの話しかけがあったときに、上のパターンで返してみましょう。小さくても良い変化が出てきたら、それを繰り返しましょう。

【一口メモ】

思春期初期の子どもの場合、感情に言葉のラベルを貼る作業が困難な場合もあります。そこで言葉を紡ぎだす手伝いが必要となります。言葉のシャワーをかけてやる。子どもの問いかけに丁寧に応答する。こうした場面を繰り返していくと、やがて自分の気持ちを上手に表現できるようになり、一段高い段階に成長します。

その5

大事なことを伝えるときは、しっかりと目を合わせる

目は口ほどにものを言う、といいます。人間同士の第一印象は、五感の働きで、たった0・6秒で決まってしまいます。しかもそのうち、視覚による判断が80％も占めています。視線や表情が大切な所以《ゆえん》もここにあります。

太古から、人々は目には多くの事実が表れているということを経験的に知っていました。「目は外に出ている脳」だともいわれます。瞳は外部から確認できる唯一の脳神経と直結した臓器だからです。脳から飛び出した部分が、実は目だといわれています。

人は相対する人の心そのものを目で読みます。就職の面接だけでなく、子どもも親の感情を目で読みます。昔から「瞳を見ればすべてがわかる」「目は心の窓」ともいわれてきました。人それぞれに、目には独特の表情と、固有な色と、模様があり「冷たい目」「純粋で優しい目」「邪悪な目」「冴えない目」「疲れ目」「人をひきつける目」「眼力がある」などと言い表してきました。

実際に、隠しごとをしていると目が泳いでしまうことは誰もが体験しているはずです。ウソをついたり、がっかりしていたり、感情の動きはどうしても目に表れてしまいます。目が口ほどにものを言わなくなったら、立派な詐欺師になれるかもしれません。

さて、あなたはお子さんに語りかけているときに、あるいは注意をする際に、お子さんの目を見ていますか。台所仕事をしながら、アイロンをかけながら片手間に言っていませんか。これでは通じません。通じないから声を荒らげたり、繰り返し言うことになり、お子さんに嫌われてしまいます。

子どもに大事なことを伝えるとき、しつけるときには、しっかりと目を合わせて語りかけましょう。テレビのスイッチも切りましょう。大事なことがらであるときにこそ、目を見て、ときには手を取って語りかけましょう。「そんな時間はない」と思うかもしれません。でも毎日片手間に同じことを繰り返していませんか。お子さんに通じていないとしたら少し方向転換をしてみたらいかがでしょう。

何より、人が思いを伝えるコミュニケーションの道具は言葉だけではありません。人は相手の全身からシグナルを受け取っています。とくに、目です。「風呂を洗って」と上から目線で言うのでなく、強力なお願い光線を出すのも効果的です。尖った態度で「ウザイナー」と日ごろ言っているお子さんも、案外うれしいものです。応じてくれたら、最後に必ず言ってください。

「うれしかった。ありがとう」

【一口メモ】

愛情があれば方法や技術はいらない。確かにそうです。しかし、どんなに栄養価の高いニンジンでも調理をせずに生のまま食べなさいと出しても箸が進みません。愛情に技術が伴えば、より子どもに思いを伝えやすくなるものです。ここでは言葉による意思伝達以外に「言外のコミュニケーション」の重要性を紹介しました。子どもに何かを伝えるときには、いったん手を止めて、言葉にプラスして目を合わせると、一段と疎通性がよくなります。

その6

子どもとの会話は「肯定的応答」で

お子さんが思春期を迎えるとつまらないことでよく親子の言い争いが起こります。たとえばこんな状況です。

母「宿題をやりなさい」

子「え〜！」

ソファからだらしなく立ち上がってテレビを消す。

母「なにが『え〜』なのッ？　宿題をするのは当たり前でしょ」

あなたはつい大きな声を出してにらみつけてしまいます。

子「チッ！　はぁ」

お子さんが大きな舌打ちとため息をついてプリントを取りに行きます。

母「なに、今の態度は！　こっちの気分まで悪くなるわッ」

追い打ちをかけるようについ言ってしまうあなた。

子「はい、はい」

お子さんは投げやりに言い、プリントをだるそうに始めます。

母「姿勢が悪い。ちゃんとやらないと終わらないよ！」

キレたお子さんがバーンと机をたたいて席を立ってしまいました。

いかがでしょうか。こうしたやり取りは事態と関係の悪化を招く「否定的応答」の典型例です。では反対に、事態と関係を好転させる「肯定的応答」とはどのようなものでしょうか。

母「宿題をやりなさい」

子「え～！」

だらしなく立ち上がってテレビを消す。あなたはすかさず言います。

母「さあ、がんばろう」

子「チッ！　はぁ」

お子さんが大きな舌打ちとため息をついてプリントを取りに行きます。

あなたはお子さんの言葉でなく行動に注目をして評価をします。

母「切り替えができてえらいわ」

子「はい、はい」

お子さんは投げやりに言い、プリントをだるそうに始めます。

あなたはお子さんの行動をしばらく眺めて声をかけます。
母「うん、うん。進んだじゃない。すごい」
子「終わった」
宿題をやり終えたようです。あなたはお子さんの目を見ながら言います。
母「はい、がんばったね。あとは自由時間よ」
お子さんは満足そうに立ち上がります。事態の進展は変わらないのに、あなたの「肯定的応答」でお子さんの反応に変化が生まれるのです。親の肯定的応答は、子どもの社交性、知的探索、学習を促進していきます。子育て技術として有用なだけでなく、育ちの根幹に重要な影響をもたらすのです。

【一口メモ】
母親の情緒的な肯定的応答が子どものさまざまな能力を引き出していくことを「安全基地」効果と呼びます。子どもにとって、親や家庭はまさに「安全基地」ですね。

その7

制止する、無視する、称賛する

兄弟の康平くんと修平くんがゲーム機を前に言い争っています。争いはエスカレートして、修平くんが兄の康平くんをたたいたのをきっかけに力に勝る康平くんに突き飛ばされ、修平くんが泣き始めました。あなたも思わず大きな声をあげてしまいました。

「康平、修平にさせなさい。お兄ちゃんでしょう」

康平くんも負けていません。

「ぼくはサッカーを終わって帰ってきたばかり。修平はずっとやっていたじゃないか」

家の中の雰囲気は一気に険悪な空気になってしまいました。こうした場面で有効な親の対応には次の3つがあります。

制止する。無視する。称賛する。

今回の場合、お互いに暴力行為に及んでいますので、親が積極的に関与し、制止すべきです。しかし、お子さんはお互いに興奮状態ですので、まずクールダウンさせることが必要です。何より、暴力や暴言は他害行為ですから、「権利の一時停止」(タイムアウト)を宣言しましょう。

あなたはお子さんふたりに穏やかだが毅然と「ふたりともタイムアウトね」と言って、

あらかじめ決められた場所にふたりを移動させ、座らせます。気が散らないように窓際ではなく、壁に向かった場所などがいいでしょう。その際に、目の届かない子ども部屋でなく、あなたの目の届くリビングや隣接の部屋などを選んでおくのが適切です。

座っている時間は1歳につき1分、12歳なら12分とします。然るべき場所に座っている限りは、ブツブツ言うなど子どもが親の注目を集めようとしても叱ったり注意したりせずに、無視をします。

タイムアウトが終わったら、お説教したり、慰めたり、弁解したり、抱いてやったり、注目を与える行為はしません。タイムアウトの効果が台なしになるからです。事務的に「タイムアウトはおしまいよ」とだけ言います。

数分したら、ごく普通の言葉をかけます。「夕飯、カレーにしようと思うけど、それでいい?」などの疑問文が使いやすいでしょう。この言葉かけには、親はもう怒っていない、権利停止が終了したことを示しています。子どもは何か言い返してくるかもしれません。それには無視で応じ、決してご機嫌をとったりしないことです。また数分したら、もう一度だけ普通の言葉かけを行います。子どもが応じてこなくても、親が通常モードになっていることは通じるし、子どもの気分もやがておさまるものです。
「タイムアウト」は行動療法の技法のひとつです。子どもにとって親からの「応答」が何よりの喜びであり、最高の報酬であることを前提に、その最高の報酬を受け取る権利を停止するのです。

【一口メモ】

「無視する」「タイムアウト」という選択には違和感を持つ方も多いかもしれません。「無視する」「タイムアウト」は次の段階の「ほめる」「称賛する」までの待機時間と考えるとよいでしょう。習うより慣れろであり、やってみると実に効果があります。ぜひやってみてください。

その8

「許しがたい行為」と「望ましい行為」への対応

あなたが買い物から帰宅してみると、リビングで子どもたちが言い争いをしていました。だんだんとエスカレートして、ついに弟が姉をたたいたようです。

「はい、そこまで」

あなたは穏やかな声ですが毅然として制止しました。「どうしたの」と尋ねると弟は「ぼくがテレビを見ていたのにお姉ちゃんがチャンネルを変えたんだ」と口をとがらせます。「最初に1時間テレビを見たら、そのあとは歌番組の録画を見せてねと約束していたのに」とお姉ちゃん。

事態を把握できたあなたは、心の中で次のように事態を整理します。

1 許しがたい行為とは？

大声をあげたり、たたいたりする行為です。

2 その反対の望ましい行為とは？

お姉ちゃんが弟の大声やたたく行為などの挑発にのらなかったこと。また、姉弟が約束に従ってテレビを視聴しようとしたこと。

3 してほしくない行為への対応

この場合の「してほしくない行為」は口げんか。口げんかを耳にするのは不快ではありますが、少なくとも子どもたちがたたきあうよりはまし。ゆくゆくの目標は、相手をたたいたりせずに自分の主張を言葉で表現できること。その過程としての口げんかです。

そこで、こう告げましょう。

「あなたたちが言い争っても、お母さんはそれを聞かないことにします。自分たちで解決しなさい」

４　１の許しがたい行為への対応

たたくなどの許容しがたい行為には「無視」と「ほめる」、このふたつの組み合わせを使います。弟が姉をたたき、姉はたたき返す代わりにあなたを呼んだとしましょう。

あなたはこう言います。

「お姉ちゃん。よくたたき返さなかったね。感心したわ」

たとえ弟を説教したくても、こういうときは一貫して無視します。

５　２の望ましい行為の受け止め方

この場合、テレビ番組の視聴時間の折り合いがつくまで見守ります。そして、話し合いができた場合にはすぐにほめます。
「手を出さずに話し合いができたわね。お母さんはうれしいわ」
最後に表現したように、あなたはできるだけ自分の気持ちに即して喜びを表現します。ほめること、注目すること、親がうれしいと表現すること。この3つこそが子どもにとって最大の喜びであり、ごほうび（報酬）なのです。

【一口メモ】

「制止する」「無視する」「称賛する」の応用です。大人が子どもにあらかじめ行ってほしい行動を話して練習させ、できたらほめる。こうした予防的教育法も効果的です。最後の「お母さんはうれしいわ」が「Ｉメッセージ」で表現されていることにも注目してください。

その9

「望ましい行動」を率直に、短くほめる

元気でわんぱくなお子さんは、度が過ぎて担任の先生から叱られることもたびたびです。

ある日のことです。あなたは帰宅したお子さんの洋服がビリビリと破れていることに気がつきました。驚いて理由を尋ねても、お子さんはかたくなに口を開きません。あなたのイライラは募り、言葉もとげとげしくなりました。

ところが担任の先生からの電話で、クラスのいじめられっ子を守るためにお子さんがいじめっ子とやりあったことがわかりました。最初こそ驚いたあなたですが、賢明にも今回の機会をお子さんとの関係改善の好機と考えました。乱暴な行動とはいえ、お子さんが勇気をふるって同級生を守った行動それ自体に注目をしました。

「勇気を出して、弱い子の味方になってあげたんだね」

あなたは大いにほめました。得意げな表情のお子さん。その後、お子さんの行動にも自信と落ち着きが生まれてきました。

子どもが「望ましい行動」をとったら、素直に、率直に、短くほめることが大事です。そして行動の最初、途中、最後と何度でもほめ、お礼も言いましょう。自分はうれしいと言葉で表現し、態度で示します。できればうれしい理由も付け加えてあげましょう。

ポイントはどんな言葉でほめるかよりも、いつ、どんなタイミングでほめるかです。大切なのは、望ましい行動の最中か直後にほめること。あとでほめる、あとでごほうびをあげると約束するのでは効果が落ちます。

子どもにとって「注目」は心の成長促進剤。子どもにかぎらず、誰もがいつでも注目を欲しているものです。子どもは周囲の注目が不足すると悪いことをして「叱られる」というネガティブな方法で注目を集めようとします。

普段からよい行動を探し、十分な好意的注目を与えることによって、子どもの「望ましくない行動」が減るという、良い効果も生みます。

私たち日本人は、ほめることも、ほめられることも苦手です。照れずに、嫌みを交えずに、誰かと不用意に比較せずに、「いい子」といった言葉でごまかさずにほめるには、少しばかりのスキルと、それを使いこなす練習が必要でしょう。

私たち大人が子育てで関心を払うべきなのは、子どもの「行動」そのものです。まずは具体的な行動を、どう良かったのか、お子さんに手短に説明してあげましょう。ほめることに悪戦苦闘しながらでも、あなたの一生懸命な好意は必ず伝わります。スマートにほめる必要はありません。不器用でも心がこもっていれば十分なのです。

【一口メモ】

こうしたその場でタイミングを外さずほめたり叱ったりする方法を「場面面接法」といいます。ほめるときには心から思いを込めて言いましょう。叱るときには淡々と短く言います。これで十分です。

その10

中止させるときには「予告」をする

あなたが買い物から帰宅すると、お子さんがゲームで遊んでいます。冷蔵庫に食料品をせわしなく入れながら、あなたは声をかけました。

「塾の時間でしょ。用意して」

上の空の返事が気になりながら、あなたが庭の花に水やりをして上がってみると、お子さんはまだ夢中になってゲームをしています。額の汗をぬぐうことも忘れて、あなたは大声で叱りました。

「いつもこれだから。グズグズしないですぐに行きなさい！」

最初の大声にビクッとしたお子さんでしたが、あなたの叱責にすぐにふてくされて、「もう行かない」と自分の部屋に閉じこもってしまいました。家の中には催促するあなたの声だけがむなしく響いています。

子どもが夢中になっていることを中止させて、ほかの行動をさせたいときにはどうしたらいいでしょうか。その効果的な方法のひとつが「予告をする」ことです。やめさせる必要のある5分前、10分前、15分前に「予告をする」のです。ここでは、具体的な時間で「予告する」ことが肝心です。

「あと10分たったら、塾に行かなくちゃならないよ」

時間がきたら、そのやるべきことをするように声をかけます。

(10分後)

「さあ、出発の時間だよ」

指示に子どもが従ったら、もちろんほめます。当たり前の行動をしたのだと放っておくと教育的な効果が薄れてしまいます。この点も単なる予告との大きな違いです。子どもの行動をほめることで、「予告をする」という手段がより強化されます。

考えてみると、誰でも今夢中になっていることを中断させられて、楽しい気分になる人はいません。子どもに限らず大人だってそうです。夢中で見ている韓流ドラマの最中に玄関のチャイムが鳴ると、あなただっていやですよね。「今から参ります」と予告をしてくれればいいのにと思うでしょう。

このように今していることをやめて別のことをしなければならない場合、それを「予告する」ことは、行動の変化を生むのに非常に効果的な方法です。予告をすることで、子どもには次の行動への「見通し」が生まれて、行動を切り替える準備をすることができます。同時に、まだ少し遊ぶ時間が残っていることを知って、子どもはほっとします。毎日の日課であれば、紙に書いて貼っておくことも有効です。

【一口メモ】

「予告」をするということは「見通し」を与えることです。一般に物事に熱中しがちであり、切り替えが苦手な子ども、実行機能※に困難をかかえる子どもには、こうした「予告」をすることでこれから先の行動に「見通し」を与えることになり、周囲の大人だけでなく本人にも楽になってきます。

※実行機能＝作業を順序よく遂行する能力。この能力に問題があると、約束の時間に間に合わない、仕事が約束どおりに仕上がらない、どの仕事も途中で投げ出してしまう、など日常生活に支障をきたす事態が起こる。

その11

してほしくない行動は、無視をする

お子さんが学校で騒いだといって、あなたはまた呼び出されました。お子さんはひょうきんでクラスでも人気者ですが、悪ふざけの度が過ぎて教師に叱責されることが多いようです。特に、休み時間と授業時間の切り替えが困難で、その場にふさわしい行動がとれず、先生が注意してもなかなか行動に変化が生まれません。先生の話を聞きながら、出口が見えないもどかしさにあなたはいら立ってきました。

スクールカウンセラーに相談すると「多動で、注意集中が困難な子どもさんのようですね」と見立ては言ってくれても、「少し成長を見守りましょう」と具体的な対応策は示してくれません。自宅でも学習時間に奇声をあげて騒いでみたり、食堂の入り口でわざとこけてみせる。忘れ物が多く、日課を守ることができません。

このような子どもに対しては、親が自ら「最良の養育者兼治療者」として、ペアレントトレーニングを学んで行ってあげましょう。このトレーニングは、子どものためだけでなく、親の子育てストレスを減じる効果もあるため、多くの専門機関や相談機関にて行われています。

その基本にあるのが、次の3つの行動パターンに対する対応の仕方です。

①「してほしい」行動の際には、すかさずほめる。
②「してほしくない」行動の際には、無視する。
③自分や他人を傷つける「許しがたい」行動は、制止する。

望ましい行動は注目と賞賛で強化し、望ましくない行動は無視することで消去していくのです。お子さんの行動をまずこの原則に沿って分類し、それに沿った対応を心がけましょう。

しかし実際に「してほしくない」行動の際に無視をするということは、なかなか容易ではありません。「望ましくない」行動を親が注意し、叱ることは、学業やスポーツで自己を表現できない子どもにとって、一時的に親の関心を集めることができ、その行動を助長することにつながります。

「してほしくない」行動を無視することは、単に子どもの望ましくない行動を減らすだけでなく、次に起こる好ましい行動への第一歩です。行動が変化するのを待ち、ほめる機会がやってくるのを見守りましょう。手をかけずに目で見守る。これも親の姿勢としては大事なことですよね。

【一口メモ】

より効果的なのは、話をする場所を決めること。たとえば、わが家では応接間を「お叱りの部屋」にしていて、子どもを叱るときには「応接間に来なさい」と呼びます。食堂はみんなで食事をし、楽しい会話をする場所です。楽しいことをする場所では、叱りません。こうした場所と機能を一致させることを「空間の構造化」と言います。

その12

注意は、近づいて、穏やかに、小声で

外出から遅くなって帰ってくると、ポッポッと雨が降ってきました。

「洗濯物を取り込んでー」と大声でお子さんを呼びますが、子どもたちの歓声が聞こえるばかりで返事はありません。雨はさらに強くなり、焦るあなたは子ども部屋のドアを荒々しく開け、にらみながら言います。

「何度言ったらわかるの。洗濯物を取り込んでと言っているでしょう」

談笑していたお友達もバツの悪そうな表情になり、お子さんは機嫌の悪い返事をしながらイヤイヤ立ち上がりました。その姿を見て、カチンときたあなたは思わず、

「気が利かないんだから！」

お子さんも負けてはいません。

「お母さんが約束の時間に帰らなかったのが悪いんだよ！」

さて、どうしてこんなことになってしまったのでしょう。実は、子どもを注意したり、指示するときには「CCQの原則」が有効です。子どもに注意や指示をする際には、穏やかに（calm）、子どもに近づいて（close）、小声で（quiet）注意をしましょうという原則です。大声を出すことで子どもが逆に興奮したり、調子に乗ったりすることを防ぐ

効果があります。大声は子どもの脳には不快な雑音として受け取られ、繰り返し大声で叱責すると、子どもの脳にダメージを与えるという医師の報告もあります。

今の場面で言えば、あなたは部屋まで行き、お互いの表情が見える範囲まで近づき、穏やかな態度で、小声で、しかし毅然と、やってほしい行動をお子さんに指示すればよかったのです。焦る気持ちはわかるのですが、親自身が自分の行動をコントロールし、声を抑制し、穏やかに小声で指示するということが大切です。

「しつけ」とは親が自らの行動をコントロールしながら、子どものモデルとなって、望ましい行動を学ばせることです。親による適切な「しつけ」によって、子どもは家族や社会の一員として、どのようにふるまえばよいかを学びます。最終的な目標は、子ども自身に自分をコントロールする力を身につけさせることです。そのためにもまず親自身が自分を制御する力を養うことです。こうしたことは実は学校の先生にもいえることです。クラス全体に向けて叱っても効果が薄いなと感じている先生も少なくないのではないでしょうか。それは熱意のなさや無力さが原因ではなく、伝える方法に工夫の余地があるのです。

【一口メモ】

学校の教師を対象とする「ティーチャーズトレーニング」の席で、ＣＣＱの原則を紹介すると、ふたつの異なる反応があります。苦笑とともに、「私もそのタイプでした」と率直に反省を述べる方と「生徒への情熱で自然と声が大きくなりませんか」と疑問を呈する方です。いかにも熱血教師のタイプの方にそうした疑問の意見が多いようです。私は「実際にやってみてください」と答えることにしています。現場で役に立ってこそ意味があるのですから効果があるかどうかは子どもの反応で図ることが何よりです。エビデンス（科学的根拠）のないものは、現場では採用されません。

その13

相槌《あいづち》は、子どもの言葉をそのまま繰り返す

思春期の子どもは荒海に浮かぶ小舟のようなものです。自分でも処理できない感情の波に翻弄されてコントロールが利きません。思春期を迎えたあなたのお子さん、今日も不機嫌です。声をかけても無視し、注意すればふてくされ、叱ればむやみに怒る。本当に扱いにくいものです。

ときには気まぐれにも親に議論を吹っかけてきます。

「みんな夜遅くまで遊んでいるよ」(「みんな」じゃないでしょう)

「誰でも携帯を持っているよ」(「誰でも」でないでしょう)

「タバコなんて普通だよ」(「普通」じゃないでしょう)

このような議論にはどのように対応したらいいのでしょう。

まずあなたは聞き役に徹します。座る位置はつかず離れずの距離、斜め横がいいでしょう。相槌はお子さんの言ったことを繰り返します。

「夜遅くまで遊んでいるんだ」

「誰でも携帯を持っているんだ」

「タバコなんて普通なんだ」

このようにお子さんの言ったことをそのまま繰り返せばいいのです。やがてたかぶったお子さんの感情の荒波にも静かな瞬間が訪れます。このタイミングを逃さずに、「でも門限の午後9時には帰ってこないといけないよね」と最も大事なポイントを告げます。あとは反論されても同じことを淡々と繰り返していきます。これでOKです。

ちなみにお子さんがいじめにあって精神的に落ち込んでいるようなケースではどのように対応したらよいでしょうか。まず座る位置は寄り添うように横に座りましょう。じっと待って言葉にならないようであれば言葉が出やすいように誘い水をします。

「何かつらいことがあるんじゃないの」

「話したら楽になるわよ」

話しはじめたら、お子さんの言葉を繰り返しながら相槌をうちます。誠実に聴きとろうという態度も必要です。悩んでいるようなのに言葉にできないようであれば、安全だということが感じられるように次のような言葉かけをします。

「大丈夫だよ。必ず守ってあげるからね」

子どもは親に常に守られており、親は子どもの切実なニーズにいつも対応してくれるという安心感がその育ちの過程には欠かせません。また親子関係だけでなく学校の教師やクラブの先輩、友人、叔父や叔母など横線、斜め線のさまざまな人間関係を把握して支援を仰ぐことも子どもの危機回避に役立ちます。子どもの心理的な危機にあたっては、周囲との絆を強めながら、子どもの内面にある回復力・復元力を引き出す環境づくりを心がけてください。

【一口メモ】

わが家にやってくるような傷ついた経験や痛みをかかえている子どもには、身の安全がしっかり確保されていることが実感できるような環境を準備することが最優先です。そして粘り強く応答して、子どもの回復力（レジリエンシー）が働き出すのを待ちます。その意味で子どもの回復に伴走するのはまさにマラソンであって、結果を急いではいけません。

その14

「壊れたレコード」のように同じ言葉を繰り返す

「早く起きて、遅刻するわよ！」

子どもを朝起こすのって本当に大変ですよね。反応がないと思って声を強めると「うるさい、ババァ」。エネルギーがいるわりに、子どもからは反発されて割に合いません。「早く起きて」「早く食べて」「早く行きなさい」。気がついたら朝から晩まで「早く、ハヤク」と急《せ》かしてばかり。こんなはずじゃなかったと反省モードの方も多いのではないでしょうか。

このような場面で有効なのが「壊れたレコード」と呼ばれるテクニック。壊れたレコードのように繰り返し同じ言葉かけを行うというものです。「時間よ」「早く起きて」「遅刻するわよ」といったさまざまな言葉かけをするのでなく「起きなさい」といったひとつのフレーズを事務的に繰り返します。そうすることで、起床できないお子さんの言いわけに反応して、相手の土俵に乗った堂々めぐりの会話を回避します。

このような声かけの場面では、指示を出すのにいちいち理由は述べません。「味噌汁が冷めるよ」「遅刻するわよ」といった言葉かけも必要ありません。単純にただただ「起きなさい」と繰り返せばいいのです。これが「壊れたレコード」のテクニックです。

このテクニックを使うと子どもとの無用な言い争いを回避し、親にかかるストレスをためこむこともありません。大人にとってはまことに使えるテクニックです。

そもそも朝、効果的に子どもが目覚めるためには、朝日をしっかり浴びせることが必要です。

朝気持ちよく目覚めるためには、次の3つが重要です。

①朝、まずは決まった時間に太陽の光を浴びるようにする。
②昼間、なるべく外に出る機会をつくる。
③規則正しい時間に食事をとる。

とくに朝食をとり、早く血糖値を上げることで、一日のリズムがつくりやすくなります。このように朝気持ちよく目覚めるためには生活環境を整え、お子さんの生活習慣を確立することが重要です。声を荒らげて起こす前に、まずはカーテンや窓を開け、太陽の光と風を部屋に呼び込みましょう。こうした自然の恵みを味方にした上で、声をかけてあげましょう。
規則正しいリズミカルな生活習慣が確立できるまでは、この「壊れたレコード」のテクニックを活用しましょう。

【一口メモ】

わが家でも、やってきた子どものほとんどが昼夜逆転の生活を送っていただけに、規則正しい生活のリズムに順応させることが最初の課題となります。朝起床できるかどうかはその子どもの自己コントロールの力を測る物差しであり、睡眠の質が十分確保されているかどうかで過去の外傷体験の有無を推測することができます。こうした点を配慮しながら起床を促すのですが、ここで紹介したような淡々と声をかける方法が効果的です。ぜひ実行してください。

その15

言ってもわからない子には「目で見て」理解させる

「どうして言っても言ってもわからないのよ！」

思春期を迎え、脳内が沸騰しているかのようなお子さんに手を焼き、お子さんが投げてくる言葉の危険球にあなたもつい言葉を荒らげてしまいました。それがまた後悔を生む結果となり、あなたは砂を噛むような思いで落ち込んでしまいます。

言ってもわからない子どもには、「目で見て理解させる」方法が効果的です。ちなみに自閉症の子どもにも「視覚的提示」は有効です。自閉症の子どもたちは通常、視覚的な感覚が強いからです。こうした自閉症の子どもにわかりやすい方法は、実は一般の子どもにもわかりやすいものなのです。

処方箋その5でも触れましたが、視覚は聴覚や嗅覚などのほかの感覚よりもすぐれています。1秒間の情報量において、音を聞くことから得られる情報量と、目でものを見る情報量を比較すると、視覚からは実に聴覚の600倍近い情報が得られます。ヒトが外界から得る全情報の80％を目が担っているのです。まさに「百聞は一見にしかず」なのです。

体の各部から得られる感覚の情報は脳の大脳皮質に集まります。それぞれの感覚を得る各部の細胞の領域と、それに対応する大脳皮質の領域の比は、その感覚器官が精巧なほど大きくなるといわれています。たとえばブタの場合、その比率は鼻が0・1、聴覚が1・0なのに対し、目で光を感じる網膜の中心部と大脳皮質の比は10000といわれています。目がいかに精巧な感覚器官であるかがわかります。

普通の感覚神経である知覚神経は、いわゆる末梢神経と呼ばれるのに対し、目の神経である視神経は中枢神経であり、目が光を感じる網膜は脳の一部であることはよく知られています。目は脳の出先機関であると呼ばれる所以《ゆえん》です。「目で見て理解する」方法は子どもにとってもより有効なのです。

しかし、親子の関係が煮詰まっている間はどんな方法もうまくいきません。関係が穏やかなときにこそ、まずは「あなたの家のルール」をお子さんと話し合って決めることです。その約束事や手順、時間などをスケジュールカードや冷蔵庫に貼るなどして「目に見える」ようにします。そして実行ができたときにはほめることです。ささいなことでも評価します。

「すごいね、うれしい！」

メモにして机に置くのもよし、オムレツにケチャップで書くのもよし。ほめることは子どもにとって最高の報酬であることは言うまでもありません。

【一口メモ】

子どもに手を焼いている場合、それを解決するには前提条件があります。約束やルールを守らせるにはそのルールが明示的であり、関わる者が同意していることです。家には家風が、学校には校風がありますが、こうした暗黙の了解や場の空気を読むことが苦手な子どもがいます。こうした子どもにはあらためて約束を説明した上で同意させ、それを目に見える形で掲示しておくことで効果が上がります。これは予防的教育法と視覚的提示の組み合わせによるもので実に効果的です。

その16

片づけられない子には目で見てわかる工夫を

「うちの子、部屋を散らかし放題で困っているの」

「うちもそう！　何度やかましく言ってもできない」

「結局私が片づけるのよねえ」

思春期の子を持つママたちが、子ども部屋の片づけの話題で盛り上がっています。ニコニコ聞いていたお母さんが、ある教育講演会での話を持ち出しました。その講演によれば、片づけのできない子どもは、脳の実行機能に弱さがあるというのです。物事の計画と見通しを立てて実行していく上で、アクセルとブレーキをかける自己制御の力に弱さがあり、空間を秩序ある形に整理できないのです。とくに子どもは脳自体が発達途上にありますから、余計に制約が多いとのこと。

さて、どうしたらいいのでしょう。解決方法に次のような工夫があります。

・カゴをいくつか用意して種類別に整理させる

カゴは色違いがいいでしょう。衣類、おもちゃ、書籍などをそこに入れさせるようにしつけるのです。毎日の整理はとりあえずカゴに入れてしまい、週末にタンスや机にしまうことにします。

・タンスや机の引き出しにも、色つきカードを

カゴの色とカードの色を一致させ、中身がひと目でわかるようにします。

・毎日行う日課をカードに

カードに「手洗い」「片づけ」「宿題」などと書いておき、カードホルダーに入れておきます。実行したカードを入れるカードホルダーを別につくっておき、実行したらカードを移して入れていきます。こうすると子ども自身が自分の行動をモニターできますし、お母さんにとっても確認ができます。ごほうびである「おやつ」「ゲーム」「テレビ」などのカードも入れておくのがコツです。工夫のポイントは、子どもにとっても親にとっても見てわかりやすいこと。「視覚的提示」の工夫によって、子どもは自分の行動をモニターしつつ、コントロールが可能となるのです。親にとっても毎日ガミガミ言わずにすみ、精神衛生にもよろしいですよ。

【一口メモ】

誰にとってもわかりやすい「ユニバーサルデザイン」という考え方は、自閉症治療の専門家、エリック・ショプラーの開発した「構造化された指導」に由来しています。次のような配慮をすることで子どもの指導はずいぶん改善されます。ここで紹介したのは視覚的構造化です。

①物理的構造化……場所と活動の意味を一致させる。
②スケジュール……いつ・どこへ行けばいいのかわかる。
③ワークシステム……何をするのかがわかる。
④ルーティン……決まった手順や習慣をつけることで、どうやってするのかがわかる。
⑤視覚的構造……見ただけでもわかる。

その
17

言葉が乱暴な子には
TPOに応じて言葉を使い分ける

子どもの言葉遣いがまるで粘土の塊を壁に投げつけるように乱暴になっている、と指摘する学校の先生が少なくありません。どういうことでしょうか。具体的な場面を見てみましょう。

子　「先生、あれ取って」
先生「あれって何?」
子　「あれだよ、あれ。屋根の上にあるやつ」
先生「屋根の上のどれのこと?」
子　「屋根の上にある、羽根だよ。あれ取って!」
先生「屋根の上にのったバトミントンの羽根を取ってほしかったのね」

このように、言葉をつないで論理的な表現にして伝えるのでなく、単語だけを乱暴に投げてくる子どもが最近多いのです。

私たちは親しい関係であるほど、前提としている事情や共有している情報が多いので、省略した話し方をします。ときには、あえて省略の多い表現を使って身内や仲間にしかわからない話し方をして、仲間かそうでないかを区別することさえあります。

ひと昔前に流行した、小指を立てて「私はこれで会社を辞めました」というテレビCMは、広く社会で共有されている認識を前提に成り立っています。ここでは小指を立てることの意味を取り違える人はいません。

こうしたサインや符丁は、子どもが親との親密な関係を離れ、子ども同士の世界を築き始めたギャングエイジのころから観察されるようになります。大人でも凝縮された親密な関係性を有する集団ではよく見られるものです。

しかし子どもの成長とともに世界が広がり、身内や仲間以外の人間との接触が増えて、しかもそうした他人との関係がより重要になってくると、省略の少ない的確な表現の重要性が増してきます。相手が誰であっても誤解の少ない表現が求められるものです。学校での知識の伝達や、社会のいろいろなフォーマルな団体・集団、たとえば会社や組織で求められるのが、こうした表現であり「論理的な表現」「論理的思考」と呼ばれます。

こうした表現は、ときに「他人行儀」や「よそよそしさ」を子どもに感じさせるかもしれません。理由を理解できる年齢の子どもには、「私はわかるけど、よその人にわかる言い方はこうよ」「お友達にはかまわないけど、先生にはこうした話し方がふさわしいのよ」と付け加えるとよいでしょう。
こうした丁寧な働きかけを通じて、お子さん自身にＴＰＯにふさわしい言葉の使い方や論理的な表現を学ばせることは、お子さんが社会性を獲得する上でとても重要なことです。

【一口メモ】

子どもの言葉遣いの良し悪しはほとんど環境要因によるものです。映画『マイ・フェア・レディ』では、主人公の花売り娘がヒギンズ教授によって上流階級の会話を習得していく過程が前半の見せ場です。言葉の習得はまず身近な親、次に身近な学校教育などの中で身についていきます。子どもに話しかける際には丁寧に対応しましょう。

その18

時間の使い方は、頭の整理から

保護者懇談会で担任の先生から、お子さんがなかなか授業に集中できないとの指摘を受けました。そういえば家でも思い当たる節があります。
①何度注意されても、なかなか宿題を始めない。
②何を宿題に出されたのか、わかっていないことが多い。
③宿題をやるときに、気が散っている。
④宿題をやり終えたとき、机の上が散乱。
お子さんは注意散漫で集中力や持続力に欠けるようです。どうしたらよいのでしょうか。お子さんのそれぞれの行動に対する「理想の状況」を書き出してみました。
①言われなくても、決まった時間には自分から宿題を始める。
②宿題メモを見れば、何が宿題かすぐにわかる。
③宿題は手際よく片づける。
④机の上はいつも片づいている。
これを達成するためのアイデアと役割分担を考えてみました。
①帰ってきたら着替えてリラックスする時間は20分と決める。そのほうが宿題も早く

終わって長い時間遊べると気づいて、お子さんも納得。

②宿題を書き込む専用のノートをつくる。時間割を見て、明日の準備をするとき、ノートに明日の時間割に合わせたマス目をつくり、宿題を書き込んで「宿題メモ」をつける。親はそれを確認する役割。

③宿題を終える時間を決めて目覚まし時計を鳴らす。鳴らす時間は、宿題メモを見て、お子さん自身が決める。

④宿題が終わったら、それをランドセルに入れ、机の上を片づけてからでないと遊ばないというルールをつくる。親はそれを確認する役割。

実行できたら「がんばり表」に印をつけ、あらかじめ決めていた「ごほうび」をお子さんに渡します。もちろんお母さんの称賛が一番のごほうびであることは言うまでもありません。

こうした規則正しい生活は、お子さんの注意力や集中力を分散させずに高める支え（ガイド・バー）になります。単なるスケジュール表よりも、目標をしぼり、得点化し、ごほうびと結びついた「得点計画表」の方が、理解しやすく、モチベーションも高まります。

時間の使い方を整理することは、頭の使い方を整理すること。どんな場面で何に集中するのかをはっきりさせる習慣とスキルが身につきます。実は学校で必要となる能力の第一がこの注意力や集中力です。一定の時間、静かに集中することができるようになると、外からいろいろな情報をキャッチし、整理できるようになります。言い換えれば、勉強ができるようになるというわけです。

【一口メモ】

「がんばり表」はわが家でもずっと使っています。インターネットで検索するとたくさん出てきますので、年齢に応じた表やシールを選んでぜひ活用してください。

その19

指示は簡単に

先生の家庭訪問ギリギリの時間に帰宅したあなた。家に飛び込むと、玄関には子どもの靴が、リビングにはおもちゃが散乱しています。幸い、お兄ちゃんの雄太くんが帰宅しています。声をかけると雄太くんがやってきました。

「あのね、浩太の先生がもうすぐ来るから、玄関の靴をそろえて、おもちゃを片づけて、犬のリリィを奥の部屋に連れていって」

矢継ぎ早に指示を出すあなた。携帯電話で友達と話していた雄太くんはご機嫌斜めで舌打ちし「ダルイナー」と言いながら動き出しました。

「終わったよ」

「ありがとう」とキッチンから応えたところで玄関のチャイムが鳴りました。ところが玄関に向かったあなたが見たものは、相変わらず散乱した靴……。

このような場面ではどこに問題があったのでしょうか。

子どもに指示を出す際に、「ワンセンテンス・ワンミーニング」という原則があるのをご存じですか。つまり、指示をする際には、1回の言葉かけで1回の指示を出しなさいというものです。ところがあなたは、雄太くんに3つの行動を一度に指示しました。

「玄関の靴をそろえて、おもちゃを片づけて、犬のリリィを奥の部屋に連れていってほしいの」

友達と携帯電話で話すことに夢中だった雄太くんは、気持ちの切り替えができないまま、集中力を欠いた状態でこの3つの指示を聞いたので、おもちゃの片づけや犬の世話の指示は実行できましたが、靴をそろえることは抜け落ちてしまったのです。このようなときには次のように指示をし、行動します。

まず、雄太くんと浩太くんを呼び寄せます。

「大事な話があるから聞いて。雄太、携帯はあとでね」（意識の集中）

「もうすぐ浩太の先生がいらっしゃるの」（事態の説明）

「10分で終わるから手伝って」（見通し）

「まず、玄関の靴を並べて」（行動の指示）

終わったら「ありがとう」（称賛）

「じゃ、次はおもちゃを片づけるわ」（行動の指示）

このように、一緒に行動しながら指示を出すと、もっともうまくいきます。終わったら、「助かったわ。お母さん、うれしかった」と感謝の気持ちを述べるとさらにいいですね。

【一口メモ】

わが家にやってきた子どもに必ず与える課題があります。一度に3つの課題を与えてみてその処理能力を観察することです。これによって子どもの作業記憶（ワーキングメモリー）の程度がわかります。

本文にも書いたように、一度に複数の作業を処理する「並列処理」よりも、時間を追ってひとつずつ処理する「継次処理」のほうが子どもには適切です。

第4章

思春期の子育てに、すぐに効く処方箋
親が感情をコントロールするために

子どもと向き合ったときに、親が自分自身の感情をコントロールすることは重要です。しかし、荒れる思春期の子を前にして平静を保つのは、決して簡単なことではありません。

第3章では、子どもに接するときの具体的な対応のテクニックをご紹介してきましたが、第4章では、親自身がどのような心構えや態度をとったらよいか、ご一緒に考えていきたいと思います。そして同時に、親自身の感情統制や怒りの制御、いわゆるアンガーコントロールのテクニックもあわせてご紹介します。

その
20

手をかけずに「目をかける」

馬や鹿の子どもは生まれて1〜2時間も経てば自ら立ち上がって歩きはじめます。北極のシロクマは生まれて2年経つと親元から離れて自立します。身体的、社会的に自立の早い動物と比較すると、ヒトの子育てはやっかいです。

ヒトの子どもは妊娠中はもとより、生まれてからも親の手を大いにわずらわせます。授乳、オムツの交換など24時間かいがいしく世話をしてもなかなか寝てくれず、ぐずったり夜泣きをして、マタニティーブルー（周産期の母親のうつ）の原因になりかねません。虐待の原因のひとつに、このようなヒトの子どもの「育てにくさ」が挙げられています。

それだけに最近、私の周辺でも育児に積極的に参加する「イクメン」の男性も増え、「妻の代わりにこれから1年間休職します」というあいさつを受けると、37年前から実践していた私はまことに心強く感じます。

パートナーの協力を得て、乳幼児期の困難を乗り越えて小学校に入学し、ホッとしたのもつかの間、思春期に入るとまたまた親は困難に遭遇します。

思春期の子育てはトンネルに似ています。日中、車の運転中にトンネルへ入るとき、光に慣れた目で暗闇に入ると一瞬先が見えなくなってとまどいます。ライトを点灯することで安全に運転できるように、子育ても思春期のトンネルに入ったら、視点を変え、親自身があらためて学ぶことで闇に光が射すのではないでしょうか。

前思春期と思春期、思春期後期との違いをあげるなら、親子の「間」が変わってくることです。手取り足取りの密着した子育てから、少し心理的な間隔をとる子育てへ。つまり、「手」をかける子育てから「目」をかける子育てへ変化する時期です。

お子さんがSOSのシグナルを出さない限り、「注目」はしていても「手出し」をしないことです。

「困ったときにはいつでも助けるよ」と伝えておいたら、あとはいざというときに「間」に合えばいいのです。思春期に入っても、こうした適切な心理的「間」をとれないのは、「間」が悪く、「間」違いなのです。

子どもが「親離れ」を始めたこの時期こそ、親自身も「子離れ」を開始しましょう。ご夫婦や友人との共通の趣味や習い事、ボランティア活動などを心から楽しみましょう。親の溌溂《はつらつ》とした姿こそ、子どもには何より元気の素ですヨ。

【一口メモ】

子ども虐待において、子どもとの「間」を詰め過ぎて境界を超え、子どもの世界に踏み込んで親のパワーを過剰にふるってしまうのが身体的、性的な虐待とするなら、その反対の極にあるのは、「間」をとりすぎて必要な愛情を注がない育児放棄（ネグレクト）です。「間」違った育児方法をとらないようにしたいもの。そのためにも、家庭が地域社会との窓を開けて、爽やかな風が吹き込むように人とのつながりを忘れないことです。

その21

自尊感情を高める目標の立て方

乳幼児期から児童期にいたるまでの子育ては、「手をかける」ことが中心でした。鹿や馬は生まれて数時間で立ち上がりますが、ヒトの場合は子どもの養育に途方もなく手をかける必要があります。お子さんの成長を振り返って、ずいぶん大変だったと感慨深く思い返す方も多いのではないでしょうか。

ところが、小学校高学年ともなると、こうした親との密着した関係にも変化が生じ、「ギャングエイジ」と呼ばれる子ども同士の親密な関係が際立ってきます。この時期以降は以前のように手をかけず、子どもの心の動きや行動を見守ること。処方箋その20でもお伝えしたように、親自身が「目をかける」子育てに移行する時期なのです。子どもとの関係性の変化を認識した上で、お子さんとの適切な心理的な「間」をとることが必要となってきます。とはいえ、思春期は見過ごすことのできない問題が多発します。そのような場合にはどうしたらよいでしょうか。

①親は、現状を分析して、箇条書きにします。
②箇条書きした現状のうち、変化させたい状況を親子で話し合い、アンダーラインを引

きます。

③「変化させたい状況」の各項目に関して「理想の状況」を書き出します。

④「理想の状況」を達成する方法を親子で話し合い、可能な限りアイデアを出します。

⑤「理想の状況」を達成する方法を選び、子どもがすること、親がサポートすることを役割分担します。

⑥子どもに達成感を与えるのが目的なので、達成度は80％でよしとします。

「よくやったね」という親の承認とともに「報酬（ごほうび）」を与えます。ちなみにわが家では図書カードやクオカードをあげています。

この「報酬」をお子さんの成長につなげるためには、次のような過程を経てください。

①親子で話し合って決めること。

②約束し、その約束をお互いが守ること。

③ごほうびを与えるときに、心の底からほめること。

目標は子どもが達成できることが大事です。失敗続きでは自信を失います。年齢や成長の度合いによって、最初は楽な目標を、2~3個程度にしぼって始めるとよいでしょう。もちろん、親の称賛が子どもにとって最高の報酬であることは、言うまでもありません。

【一口メモ】

目標は子どもが達成できないような「高く・遠く・大きな」目標にはしません。「低く・近く・小さな」目標を、言いかえれば達成可能な目標を立てることが肝心です。身近な目標をやりとげた達成感を味わわせることが実は真の目標です。達成感は子ども自身の自尊感情を高め、次の飛躍への足がかりになるからです。

その22

言葉の力で子どもを変える

犬の鳴き声を日本の子どもは「ワンワン」、アメリカの子どもは「バウワウ」と表現します。そのように親や周囲から口伝えに教えられたからです。

子どもは親から多くのことを学び吸収します。とりわけ子どもは親からの言葉のシャワーを浴びただけ言葉の数は増え、雪の結晶のように言葉同士がつながって文章となり、やがて豊かな言葉の世界が紡がれていきます。

そうした子どもでも、幼稚園に行けば「バカッ」と友達から学習し、ギャングエイジと呼ばれる思春期前ともなれば「うぜぇー」と毒づきはじめます。

しかし一度言葉のシャワーを浴びた子どもは、思春期のハシカのような時代を通り過ぎたら、言葉の豊穣な世界にまるでブーメランのように戻ってきます。それは言葉によってのみ、人は考えを整理し、思索を深めることが可能だからです。

言葉の豊かさは内面世界の豊かさなのです。

非行少年は不遇少年であり、不幸少年でもあります。そんな青少年たちが収容されている奈良少年刑務所で、作家の寮《りょう》美千子さんは「社会性涵養《かんよう》プログラム」講師として少年たちに「詩作」を指導しています。寮さんがいざなう「言葉の世界」に導かれ、青少年の心の奥底に閉じ込められ沈潜したさまざまな思いがあふれ出します。

ある少年は「くも」と題して、「空が青いから白をえらんだのです」と自作の詩を朗読しました。鉄格子から見える小さな空。抜けるような空の青さに少年は鉛筆を手にしました。そっと心の奥にしまいこんでいた家族との葛藤や犯罪への悔恨、切ないまでの親への思慕。おずおずと語られた一編の詩は深い共感を呼び、大きな拍手を浴びました。そうした周囲の共感と賞賛によって、まるで魔法がかかったように少年たちは変化を見せるのです。

まさに「言葉」の持つ力なのでしょう。寮さんが受刑者とひとりの人間として対峙《たいじ》する、その空間はまさに少年たちの「たましい」を惹きつけ解き放つ「磁場」となっているに違いありません。

冬の長い夜、あなたが青春時代に読みふけった思い出の一冊をお子さんの机にそっと置いてみませんか。

親子の途絶えていた会話が復活するきっかけになるはずですよ。

【一口メモ】

臨界期という言葉をご存じですか？　臨界期は感受性期とも言いますが、自分を取り巻く環境に応じて、脳の中では覚えたり感じたりする神経回路が集中的につくられたり、盛んに回路の組み替えが行われるなど、もっとも感性豊かな時期を指します。

臨界期は一生のうちに1回だけ。幼児のときからさまざまな刺激を与えていくことが必要です。臨界期で大切な時期は、言語が0～9歳、運動能力が0～4歳、絶対音感が0～4歳、数学的能力が1～4歳と言われています。臨界期に適切な刺激を与え、脳が記憶をしておけば、その後時間がたってもちょっと練習をするだけでごく自然に簡単に同じことができるようになります。

その23

「言葉」と「行動」が矛盾してはいけない

少し時をさかのぼって、幼児のころのお子さんを思い出してみてください。

公園デビューを果たしたあなたは親しくなったママ友と木陰で話が弾んでいます。お子さんに目をやると、ご近所の子どもたちの輪に加わって「ままごと」をしています。3軒先のおませな樹里ちゃんが「お母さん」役。お母さんそっくりの口ぶりに、母親たちの間から笑いが起こりました。

スイスの心理学者ジャン・ピアジェは、2〜7歳の子ども（前操作期）の特徴のひとつとして、「ごっこ遊び」があることを見出しました。アニメ『クレヨンしんちゃん』では、主人公・野原しんのすけたちによる「かすかべ防衛隊」という遊びや、紅一点の登場人物・桜田ネネの趣味である「リアルおままごと」が表現され、「ごっこ遊び」がこの時期の子どもの心をひきつけていることがうかがえます。

「ごっこ遊び」のなかでも代表的なものが、身近な大人である親などの生活をまねる「ままごと」遊びです。「ままごと」をしている子どもを観察すると、日ごろの家庭生活や両親など家族の関係性がうかがえます。

こうした身近な親や教師の模倣を通じて、子どもは家族や社会の一員として、どのようにふるまえばよいかを学びます。「学び」とは「真似び」、すなわち「まねる」ことが原義です。こうしたモデリング（観察学習）により、子どもは学習し、成長していきます。子どもは親の良い点だけでなく欠点も学習しますから、「親の顔が見たい」と言われることもあるわけです。

このように子どもは、もっとも身近な親や教師などのふるまいや関係性を普段から自然に取り込んでいますが、これを一貫性と継続性をもって自覚的に教育することが「しつけ」です。

「しつけ」とは、親が自らの行動をコントロールしながら、子どものモデルとなって、望ましい行動を学ばせることです。子どもの育ちにとって、未来の指針となる「自己形成モデル」を持てるかどうかは重要な意味があり、身近な親がそのモデルになることが望ましいものです。

教育とは、向き合って言葉で教える面と、無言のまま背中で学ばせる面の両面から成り立っています。言葉と実際の行動との間に大きな乖離《かいり》があり矛盾があると、子どもは混乱を起こします。思春期を迎えると、子どもが親の本音と建前の間隙《かんげき》、矛盾を批判し攻撃してきます。こうしたことも思春期特有の子どもの傾向といえましょう。

しつけにはさまざまな技法がありますが、言葉と行動に大きな乖離や矛盾があれば有効性を失います。親にとって子どもは小さな裁判官です。良きモデルを示したいものですね。


【一口メモ】

建て前と本音の使い分けは大人の処世術としては当然のことです。しかし子どもは、そうした矛盾を許さない潔癖さを持っています。特に思春期はそうした傾向が強く、親子の対立の一因にもなっています。親は言葉と行動に違い（ダブルスタンダード）を持たないようにしたいものですね。

その24

どうしても怒りが抑えられないときには

思春期の子どもへの親の接し方にはおのずと親自身の生き方やものの見方が反映されます。子どもの前では、冷静な対応が求められ、怒りの感情を抑制することが重要であることは理解できても、なかなかうまく実行できないという人が少なくありません。自身の過去の問題をひきずっている人は、基本的な自己信頼感を形成できず、子どもとの関係でも怒りの感情を吹き出してしまいがちです。

お酒に浸る父親、借金癖のある父親を嫌悪していたのに、結婚してみたら父親と同じタイプの男性であったというケースはよくあります。虐待的関係性の再演、トラウマの反復強迫といわれる現象です。

同様のことが子育てでも起こりがちです。「飛んで火に入る夏の虫」「わかっちゃいるけどやめられない」とは、こうした心理を言っているのです。

「ピンクの象のことを考えない」という話をご存じですか？　大抵の人は、ピンクの象のことを考えないように集中することで、ますますピンクの象のことを考えてしまうものです。つまり、負の思考のスパイラルに陥って、「やめよう、離れよう」と思えば思うほど、業火に引き寄せられる「虫」になっているのです。

では怒りの感情が吹き出すのを止めるにはどうしたらよいでしょうか。代わりの思考や行動を取り入れるのです。たとえば、子どもの「いいところ探し」、毎日の暮らしの「しあわせ探し」を行うのです。はじめはまず思い浮かばないものですが、繰り返し続けていると不思議と次々浮かんでくるものです。

しあわせ探しを繰り返しているうちに、言うことを聞かない子どもに対していら立っていた心が「子どもがいるだけでしあわせ」「今の暮らしもまんざらでもない」といった穏やかな心境になってきます。まるごとの自分を受け入れていくことが、子どもを愛する力を生み出します。

ささいな毎日の「しあわせ探し」、お子さんの「いいところ探し」をやってみませんか。それはとりもなおさず、あなた自身の「いいところ探し」でもあるのです。

【一口メモ】

虐待する親と話していると、「鬼」のような行動の背後に「傷ついた」体験、癒しきれない「痛み」が隠されていることに気づきます。つまり、虐待する親はかっては虐待された子どもであったわけです。傷ついた当時の成長しきれないままの子どもが親の内面にいて、目の前の現実の子どもの行動が引き金となって怒りの感情が噴出しているのです。

毎日の暮らしにおいて「いいところ探し」をすることは、現実の子どもの変化のみならず、親自身が内面にかかえたままの「子ども」の成長と変化を促すことでもあるのです。

その25

親が自分の怒りをコントロールする方法

日曜の午後のひととき、鼻歌を歌いながら編み物をしていた穏やかな時間を過ごしていたあなた。そんなときに1本の電話がかかってきました。近くの交番からです。あなたのお子さんが他人の自転車を無断で乗っていて補導されたという連絡です。「すぐに来てください」と促す警察官に「はい」と答えたものの、気が動転して考えがまとまりません。すぐ交番に行かないといけないと思いながら、イライラして自分が自分でないような落ち着かない気分です。

さて、こうした場面ではどうしたらいいでしょうか。お子さんを迎えに行ってものの道理を言って聞かせる前に、まずはお母さん自身が怒りの感情をコントロールし、冷静さを取り戻す必要があります。次のような言葉を口に出してみましょう。心で思うより実際に言葉にしてみることがより有効です。

「冷静さを失わない限り、私はこの状況をコントロールできる」
「ことが知れても他人に言いわけする必要はない」
「怒りに支配されてはいけない。今すべきことに集中しよう」

「あわてて結論を出さないようにしよう」

言葉にして繰り返し言っているうちに少し落ち着いてきました。心身ともにリラックスしてきました。

今度は問題解決への取り組む姿勢を言葉にして確認してみましょう。

「怒りは子どもへの愛情があるためで、憎いからではない」

「私は心から子どもを愛している」

「今回の事態の肯定的な面を探してみよう」

「ピンチはチャンス。今回のことは思春期を迎えて難しくなった子どもとの関係を深める絶好の機会だ」

「彼はたぶん私を怒らせたいのだ。でも，そうはいかない。私は冷静に、そして建設的に処理していくぞ」

どうです。落ち着きとともに事態を打開するの勇気が湧いてきたでしょう。思春期の子どもと接するには、まずは親自身のアンガーコントロール、怒りの感情の処理が大切です。

【ひと口メモ】

最近、盛んになってきたペアレントトレーニング（親の養育技術トレーニング）の中心は、「怒りの感情統制」です。子どもの適切なコントロールのためには、まず親自身の感情コントロールが先なのです。

そのために、ここで紹介した「自己教示」という技法は有効です。実際に適切な言葉を口にして、自分に言い聞かせて、問題解決の糸口にしようというものです。

その26

頭が真っ白になったときには

突然かかってきた電話があなたを愕然とさせました。お子さんが万引きで捕まったというのです。

まさか……！　電話でお詫びを言い、引き取りに行くと伝えたものの、胸はドキドキして頭は真っ白。事態から逃げたくなってしまいました。

こんな場面では、まずはあなた自身の内面を客観視してみましょう。

「この緊張こそが味方」

「リラックスしよう。コントロールできている。ゆっくり深呼吸をして」

言葉を繰り返しながら深呼吸をしてみましょう。深呼吸を繰り返しているうちに、胸を使った浅い呼吸が自然と腹式呼吸になっていることに気がつくはずです。息を大きく吸い込み、下腹部に力をこめてから、息をぜんぶ吐き出すつもりでゆっくりと長く息を吐くのがコツです。

落ち着いてきたら今度は手足を意識します。体をリラックスさせ、手足のそれぞれが

「温かい」と言い聞かせます。

緊張がほぐれてきたら「ほら、できたじゃない」と自分自身にごほうびの言葉をかけましょう。

「さぁ、行こう。子どもと一緒に頭をしっかり下げて謝罪しよう」

自分に再度勇気の言葉をかけます。子どもの危機に立ち向かい、寄り添って解決を図るあなたの姿は、子どものよりよい指針となるに違いありません。

【ひと口メモ】

人間が緊張し警戒状態になった際に、交感神経系が優位となってさまざまな身体反応が出てきます。掌に汗をかいたり顔が青ざめたり心拍数が増えたりしますが、呼吸が浅くなるのもそのひとつです。これは200万年前から人間の祖先たちが自然の中でおのずと身につけ、今なお続いている自己防衛機制の「闘争か逃走か」反応（「ファイト

オア　フライト」反応）なのです。

ところで、ヨガや座禅などに共通する呼吸法を「丹田《たんでん》呼吸法」と言います。心と体をリラックスさせる効果がありますから、古今東西、さまざまなことに取り入れられています。

また、目の前に両手を伸ばしてこぶしを強く握りしめたりゆるめたり、すくめた肩をストンと落としてみるなどのリラクゼーション法なども体から心の緊張をほぐす方法として有効です。その際、「好きな色」をイメージして息を吸い込み、吐き出すときには「嫌いな色」をイメージするなど、色のイメージを思い浮かべながら呼吸を行うと一層効果があります。

その
27

子ども時代の自分と向き合ってみる

思春期の子どもは心も体も大きく成長します。しかし、子ども自身がその成長のスピードについていけず、自分自身を持て余し、まるで波間に揺れる小舟のように毎日激しく揺れ動きます。不安定な子どもと向かい合うと、親も大いに動揺し、平静を保つことは容易ではありません。

しかし、親から心理的な自立を果たす上で「反抗」は子どもの成長のために必要なことです。親には冷静な対応が求められます。子育て最中の親は、子どもを変えようとする前に、自分自身が変わること。とくに怒りの感情を統制する「アンガーコントロール」が何より重要です。

ところが、こうしたことを頭では理解できても、現実の場面では怒りが抑えられないということも多いのではないでしょうか。すねたりふてくされたりするお子さんに、つい感情的に声を荒らげてしまい、あとで自己嫌悪に陥ってしまうことも。どうしてでしょう。

実は、親自身が子ども時代の課題を解決せずに積み残したことが影響している場合が少なくありません。現実の子どもの姿に、過去の満たされなかったあなた自身を見出してイライラ感がつのり、怒りが抑えられないということが起きているのです。

では、どうしたらいいのでしょう。まず、満たされなかったあなた自身のことをノートに書き出してみましょう。

「信じていた友達から裏切られたのに、仕事が忙しいと聞いてくれなかった」

「酔った父親の暴力から母親が守ってくれなかった」

こうした過去の出来事すべてを書き出したら、その出来事に「つらかった」「悲しかった」「傷ついた」とあなたの感情をひとつひとつ添えてラベリングしていきます。あなたの心の中に散乱したままの出来事と感情を結びつけ、心の小箱に入れていくのです。こうした取り組みを通じて、あなたの心は次第に整理され、小箱同士はつながっていき、ひとつの物語が形作られます。

あなたがあなた自身であるためにも、傷ついた事実をふくめてひとつの物語にまとめ上げていくことが重要なのです。よりよい子育てのために、あなたの心の中で孤立し、傷ついたまま立ちすくんでいる小さな子どものあなた自身に向き合ってみることは、大いに意味あることなのです。

【一口メモ】

教育関係者と話していると、保護者との関係や対応に苦慮しているという話を聞きます。「モンスターペアレント」という言葉がささやかれて久しいですね。こうした一見常識を欠いた要求をする親の多くが、子ども時代に解決すべき課題を積み残したまま大人になっていると考えられます。確かな大人との応答を通じて自己の成長を図った経験がないと、他人との適切な関係を保つことができずに、過大な要求を押し付けるか、逆に極端に回避してしまいがちになってしまいます。

本文で紹介したように、過去の出来事を感情と結びつけながら、「自己の物語」、かけがえのない「あなた自身の生きた証のライフヒストリー」を形作ってみましょう。

その28

「この子さえいなければ」と思ったら

親であれば、子どもがかわいい。しかしその一方で、子育てに悩みを抱えている親が多いのも事実です。

ある調査※によれば、子育て中の親の8割以上が子育てに悩んでおり、悩みのトップは「子どものしつけ」（47・5％）でした。

とりわけ、思春期の子どもはやっかいです。「この子さえいなければ」という悪魔のささやきが聞こえるのもこの時期です。どうしたらいいでしょうか。こんな方法があります。

お子さんの写真を数枚選びます。産まれたばかり。1歳のころ。3歳、5歳、7歳と節目の写真を選び、白紙の上に置きます。そして、その当時の出来事や思い出を写真のそばの紙に書いていきます。

「出産、思いきり痛かった」

「でもわが子を抱いたとき、うれしかった」

「幼稚園入園、火がついたように泣かれてつらかった」

「運動会でのお遊戯が上手にできて成長を感じた」

「七五三、おめかしして写真に納まった」

「生まれてから熱ばかり出して心配したが、体力がついてたくましくなった」

「小学校の入学式。担任の先生の話を聞かずに後ろの私に向かって手を振るのを繰り返して恥ずかしかった。でも、うれしかった」

このように当時のエピソードを書いていきます。そのときのあなたの感情を書き足すことが肝心です。

子どもの生育史は、あなた自身の親としての成長の歴史でもあります。時系列に子どもの成長を記していくと、あなたの深い愛情、あなたの関わりなしに今日一日を過ごすことができず、すべてをあなたにゆだねてきた子どもの姿が浮かび上がります。その愛らしさは「3歳までで一生分の親孝行をしている」とさえ思えるほどです。

思春期を迎えての反抗もまた積み重ねてきた歳月の変化のひとつであり、通過点であることにおのずと気づくものです。こうした「気づき」が子どもとの和解や、子どもの言動が許せないというあなた自身に和解をもたらします。険《けわ》しかった表情やとげとげしい言葉に柔らかさと温かみが生まれ、あなたの変化はやがてお子さん自身の変化を促します。

子どもの写真にエピソードとあなたの気持ちを書き込む取り組み、ぜひ夫と一緒にやってください。えっ、子育てはおまえに任せると言っている？　それは子育ての前に夫育てが必要ですね。

【一口メモ】

子どもの問題の相談に応じたら、実は子どもではなく夫婦の問題であった。あるいはご自身の問題が背後にあったということが少なくありません。「子育て」は取りも直さず「己育て」、「自分育て」でもあるのです。

※2009年、大阪商業大学JGSS研究センター・佐々木尚之氏による調査

その29

子どもが安心できるのは、特別で特定の人

2012年に公開された映画『隣《とな》る人』は埼玉県の児童養護施設の子を追ったドキュメンタリーです。家庭環境を失った子どもたちが母親代わりの保育士たちと生活をしています。ここで描かれているのは「特別で特定」の人との愛着が、子どもたちにとって「安心で安定」の基盤であり、子どもの成長の上で欠くことのできないものであるということです。

小学生のムツミは田んぼのあぜ道を歩きながら「どうせおまえなんかいらない」「消えろ」とひとり言を繰り返します。それは幼いムツミ自身が家庭で言われ続けた言葉なのでしょう。そのムツミにショックな出来事が起こります。同居の少女マイカの担当保育士マキタが配置転換になり、マキタに泣いてすがるマイカが無理に引き裂かれる別れの場面に直面します。ムツミはいつも「隣にいる人」がいなくなるかもしれないという不安に襲われます。

その夜ムツミは、自分の担当保育士のマリコへの想いを「大好き」とノートが破れんばかりに繰り返し書きなぐります。そしてマリコの愛情を奪い合い、ときには対立してきた同部屋のマリナとふたりでマリコのふとんに顔をうずめ、「いいにおい」と語る場面は切なく、私たちの心を締めつけます。それは、人と人の普遍的な関係のありようを私たちの心に語りかけています。

砂場で遊んでいる子どもは、ときおり自分を見守る親のまなざしを確かめては安心し、少しずつ行動の範囲を広げていきます。泣くことがあれば親が駆けつけてくれます。こうした「応答」のおかげで子どもは自己と他者への基本的信頼感を養い育てていきます。この信頼感を基礎に子どもは、親からの自立と親への回帰を行きつ戻りつしながら自立への道を歩んでいくのです。

思春期の子どもはやっかいです。しかしそのやっかいな言動の背後には、親に対する子どもの切実なニーズがあります。そんな子どもへの無関心と養育の放棄であるネグレクトが子ども虐待のひとつの極なら、一方で、子どもを親の所有物と考え、子の内面にむやみに侵入し、親の思いのままにならぬと怒りを爆発させて体や心をしいたげるのがもうひとつの極です。

子どもの内面を侵さない代わりに離れもしない。隣からいつもメッセージを発し続けることが親のもっとも大事な役割なのです。「いつでもそばにいるよ」と。

【ひと口メモ】

映画『隣る人』を観た社会的養護（家庭環境を失った子どものケア）関係者からはふたつの異なる反応がありました。ひとつは保育士マリコのように献身的な育児をしようとすれば、到底結婚はおぼつかないというものです。実際、マリコは結婚もせず24時間の住み込み生活を送っています。そこまではできないという施設関係者の声です。

一方、どんなに献身的に尽くしても施設である限り人事異動からは逃れられません。またわが家を持ち、交代勤務になれば、職員はその疑似的な家に通ってくる人でしかなく、家庭的環境を失った子どもに家庭環境を与えることはできないという主張です。多くは里親の皆さんの意見でした。

主張が異なっていても共通していたのは、子どもは家庭生活を通じてその切実なニーズに応答される必要があるという点です。

その30

荒れた子を回復させる「自己形成モデル」

わが家にやってくる子どもたちは、いずれも烈《はげ》しい虐待を受けています。その結果、心身に深刻な影響がみられます。その影響の現れ方を見ていると、子どもがどのような環境で育ち、家庭内の関係がどのようなものであったのかを推測できます。

ある子どもは夜眠れないと訴えてきました。父親が母親の髪の毛をつかんでふりまわし、壁にたたきつけて血しぶきが飛び散る場面を思い出し、眠れなくなったと言うのです。過去の出来事であるにもかかわらず、それが今まさに起こっているように感じてしまうというフラッシュバックによる睡眠障害です。

親子虐待の家庭は、不思議と夫婦間のＤＶ家庭でもあります。家庭内で対立や葛藤が起きると、話し合いで解決し和解するのではなく、暴力で対処しようとするのです。

そんな家庭からわが家にやってきた子どもたちに私が最初に約束することは、二度と傷つかない安全な環境を保障することです。家庭は安心して暮らせる場所であるということが子どもたちにとってまず最優先だからです。

こうした子どもたちの不幸は、十分に食事を提供されなかったり、激しい暴力にあったことはもちろんですが、何よりも身近なところに未来の指針となる「自己形成モデル」となる人がいなかったことです。

通常、子どもは身近な親や学校の先生、クラブ活動のコーチなど、周囲の大人をモデルとして学習し、その行動や考え方を取り込んでいきます。こうした周囲の大人との確かな交流や応答を通じて、子どもは自己の感情や認知、行動を調整する力を養っていきます。

子どもから大人への移行期である思春期には、ときには周囲への著しい反抗や反社会的行動が顕在化する場面もあります。しかし、子ども自身が「自己形成モデル」を持っていると、時間の経過とともに内面の「回復力」（レジリエンシー）が働いて、やがてそうした行動から「卒業」していきます。時間とともに感情統制の困難を調整し、コントロールする力が復元してくるからです。内面の「自己形成モデル」が振り子のように「安全」な方向へと子どもたちを導いてくれるのです。

親をふくめて社会の私たちは、思春期の場面、場面の出来事に一喜一憂したり、右往左往せずに、「確かな大人」として、子どもたちの良きモデルとしてあり続けたいものですね。

【一口メモ】

非行など問題行動が続くと周囲は疲弊《ひへい》してきます。とくに、肉親にとって身内の非行など子どもの問題行動は精神的にこたえるものです、しかし一定の年齢に達すると、多くの非行少年は犯罪や非行から「卒業」してしまいます。その卒業までの時間に内面の成熟を根気よく待つ「時熟《じじゅく》」が周囲の大人には求められます。

その31

子どもとの交流が、叱る場面にかぎられていませんか？

わが家に里子にやってくる子どもの中には、身長や体重が平均より3～4年遅れという子がいます。原因は、親から十分に栄養を与えられなかったこと。「愛情剥奪《はくだつ》症候群」と呼ばれる症状です。こうした子どもたちは、その切実なニーズを親に受け止めてもらったという経験がほとんどありません。ですからわが家では、つとめて子どものささいな行動や長所を探してはほめていきます。子ども自身の自己肯定感を高め、「虐待されても仕方がない価値のない自分」ではないという自己認識へと変化を生み出していくのです。

赤ちゃんが泣けば、親がかならず駆けつけます。赤ちゃんの欲求に応じて、昼夜を問わず、親は授乳やオシメ交換をしてくれます。「アタッチメント（愛着）」と呼ばれることの愛情ある応答のおかげで、ヒトは自分と他人に対する「基本的信頼感」を形成していきます。

この応答が欠如すると、子どもは愛着障害を起こし、対人関係に困難を生じます。人生の早期から周囲の養育者など大人に適切に「応答」され、守られているという感覚を、子どもがその内面に養うことは極めて重要です。

近ごろ、子どもはもとより、保護者の対応に悩む学校関係者の相談が相次いでいます。学校に理不尽な要求を重ねる保護者は、実はこうした乳幼児期に解決すべき課題を、そのまま大人まで持ち越している人が少なくありません。生存に欠かせない基本的欲求が満たされなかった怒り、養育者との応答の欠如による「基本的信頼感」の形成不全が、ゆがんだ形で愛情要求、承認要求となって学校関係者に寄せられていると推測しています。

一方で、子育てに悩む親、生徒の指導に苦悩する教師の話を聞いていると、子どもの問題行動が顕著になってはじめて子どもとの交流や意思疎通を行っているケースが少なくありません。子どもとの交流が、ただ叱る場面にかぎられているのはあまりにも貧しいですね。もっと豊かな子育て、豊饒な心の交流があっていいでしょう。

そこで提案。家庭内、学校内での「イイトコロサガシ」をしてみませんか。家庭内では家族が互いの良いところを指摘しあう。教室でも生徒がそれぞれの長所や良さを発見する。こうした試みを通じて生まれる「相互承認」が豊かな人間関係の基礎となります。お子さんの「イイトコロサガシ」、今日からぜひやってみてください。

【ひとロメモ】

現在、精神や発達障がい者福祉、矯正教育などさまざまな分野で、「長所基盤モデル」に基づく取り組みが注目を浴びています。これは短所や欠点を矯正するのでなく、本人や周囲の長所や得意なものを伸ばしていこうとするものです。

東京都成人発達障害成人当事者会・冠地情さんたちによる「イイトコサガシ」ワークショップもまたそうした視点に立ったコミュニケーション法と当事者自身による気づき、そして成功体験を重視するものです。今後こうした「長所基盤モデル」の取り組みはさらに広がっていくでしょう。北九州市の小学校教師、菊池省三さんによる「言葉のシャワー」の取り組みも、子ども同士がお互いの「よいところ」を探し、ほめ合うことによって効果をあげています。

その
32

自分の子育てにフッと微笑むコツ

里親ホームを営むわが家には現在、11人の青少年が生活しています。児童相談所など公的機関からの委託だけでなく、近ごろ多いのは「ホームレス」の青年たちが頼ってくるケースです。彼らは住む家がないというより、一緒に笑ったり励ましてくれる「家族がいない」といったほうが正確でしょう。

そんな青少年たちの心には季節があります。夏祭りやクリスマスのころには何やら心がたかぶり、忘れていた家族やふるさとを少年たちに思い出させて、柄にもなく感傷的になります。

正月やお盆に帰省する子どもがいます。お年玉をもらい、おせち料理を食べ、意気揚々と親元に帰っていく子どもに留守番をする少年たちがいろいろと声をかけます。

「行ってこいよ」

「今日はツヤつけて（格好良く決めて）いるなー」

しかし見送ったあと、出かけた子どもの華やいだ高揚感のテンションが高ければ高いほどあとに残る子どもたちを重苦しい空気が支配します。

ある少年は「ぼくだっておじいちゃんのところに行けばお年玉をもらえるんだ！」と

叫びました。少年自身がそのことが叶わぬ夢であることをよく知っているのです。正月、子どもたちはさらに幻想をふくらませたり、逆に幻想をガラスのように粉々に砕いたりします。世間的にはめでたい正月も、親元を離れて暮らす子どもたちにとっては気持ちが千々に揺れる悩ましい季節でもあるのです。

たとえ虐待する親であっても、子どもは悲しいほど親を求め、切ないほど慕うものです。過酷であればあるほど、愛される自分、惜しみなく愛を与えてくれる親というファンタジー（幻想）の中で、子どもたちは生きざるをえません。子どもが語るそんな幻想物語を私は黙って聞き、過酷な現実に向き合えるよう内面の成長を待ちます。

反抗する思春期のお子さんも同じです。どんなに反抗しようとも、心の中ではあなたのことを求め、慕っています。子育てに行き詰まったとき、お子さんにも愛らしい幼少期があったことを思い出すために、アルバムやDVDを書棚から出して眺めてみてください。あなたはきっとお子さんが3歳までに一生分の親孝行をしてくれていたことに気づくでしょう。フッと笑みがこぼれたら、その気持ちで接してみてください。あなたが変われればお子さんも変わる。新しい展開がきっと待ち受けていますよ。

【一口メモ】

あんなにかわいかった子どもも思春期を迎えると憎々しげになります。愛らしい笑顔を見せていた子どもが、ジャックナイフのような鋭い視線と尖った言葉を向けてくる態度に、つい親も言葉が荒々しくなりがちです。たとえ言葉は穏やかでも態度や表情は隠せません。ここでは子どもとの対立を回避するために、イメージの転換を図る方法をご紹介しました。

その
33

あなたなら、大丈夫です

私が子どもたちと暮らしている北九州市の土井ホームには、新聞やテレビで見たという親の来訪相談が少なくありません。疲労感と焦燥感がぬぐえない相談者から、私は子どもの生育歴、性格、家族関係を聴き取ります。あふれる感情のために相談者は言葉に詰まることもあります。そのときには「こういう意味ですか?」と言葉を紡ぎだすお手伝いをします。

こうして1時間ほど話を聞いたのちに、私は思いを込めて言います。

「ご苦労でしたね。でも大丈夫ですよ」

この言葉に相談者はパッと明るい顔になります。遠隔地から来られた方も少なくないので、その場で適切な「処方箋」をアドバイスします。本書でお伝えしてきたような「子どもへの声のかけ方・接し方」です。これで多くのお子さんの問題は解決します。「困った子ども」というのは実は、子どもたち自身が困っていてSOSを出しているのです。その困っている気持ちを引き出して親や教師が接し方を変えれば、多くの子どもは落ち着きます。

しかし一方、簡単には解決の道筋が見えない問題もあります。非行が進んでいたり、家庭内暴力が深刻な場合には、その場で養育者の居住地の専門家や相談機関に電話して支援をお願いします。多くの社会資源を投入して、相談者の応援団をつくることをめざします。「自分ひとりではない」という気持ちになれば、孤立感も減って養育者の気持ちも前向きになってくるのです。

一般に、子どもの問題に悩む親など養育者は、問題が起きたときには驚き、悲嘆に暮れ、やがて怒りを感じ、解決が容易でないとわかるとうつ状態になることも珍しくありません。こうしたプロセスをたどって、やがて世間や体面を気にしていてはどうにもならないことに気づきます。この気づきがやがて家族や夫婦の変化を生み、最終的には「悩みよ、ありがとう」と心境が変化することさえあります。悩んでいるのは自分だけではないということに気づき、悩みを抱えている方たちと集い、共有し、一緒に解決する道を歩み出している方もいます。親の視点・まなざしが変われば、おのずと親子関係にもよい変化をもたらします。

最後にひと言。

「あなたなら、大丈夫ですよ」

【一口メモ】

親は子どもにとってどのような存在であるべきでしょうか。ひと言で言えば、親は子どもの安心を保障する存在だと私は考えています。子どもはいずれ親の元から巣立っていきます。しかし、振り返れば親がそこにいた。それでいいのではないでしょうか。「親の心子知らず」と言います。子どもが成長して親になってわかることもたくさんあります。私たち大人は、子どもがわかってもわからなくても、無償の愛と変わらぬ態度を持ち続けたいものです。

おわりに

母を亡くして10年たちます。母との思い出は、甘酸っぱい、不思議な感情とともによみがえってきます。小学生のときは母が辞書代わりでした。私はいつも針仕事をしている母のそばで宿題をしていて、わからないことを尋ねると、いくらでも答えてくれました。母は読書家で、手紙もよく書いていました。今の私が本好きで、文章を書くのが好きなのは、母の影響です。

中学生になってクラスメイトといさかいを起こしたことがありました。いきり立って母に話すと、母は「ふんふん」と聞いて、私の興奮が冷めてきたころに「そうやって、相手を攻撃すること自体が、結局はあなたを傷つけることになるのよ」と静かに、しかし凛《りん》として言って聞かせてくれました。

私の両親は、不遇な子どもたちを預かって育てていました。私より少し年上のお兄ちゃん、お姉ちゃんたちです。父も母も、子ども同士を全く差別せず、仲良く暮らしていましたが、やっぱり、テレビのチャンネル争いはありました。あるとき、私はほかの番組を見たいというお姉ちゃんに「おまえなんか帰れ！」と言ってしまいました。そのときはわからなかったのですが、彼女は帰る家がないから、わが家で暮らしていたわけです。

「帰るところのない人に帰れと言うほど、相手を傷つけることはないのよ」

あとから母にそう諭されて、残酷なことを言ったと反省しました。母は穏やかでおとなしい人でしたが、そういうときはきちっと話してくれました。

一方で母は、私が勉強をしていると、「そんなに勉強しなくてもいいよ。一緒にテレビを見ましょう」と誘ってきました。私が幼いときに体が弱かったので、心配してくれたのでしょう。「勉強より体を大切に。健康が一番よ」とも言われました。「自分は本当に愛されたなあ」と感じて、温かい気持ちになります。

私は今、両親と同じように、保護された子どもたちと一緒に生活しながら、彼らの面倒を見ています。子どもは親を切なくなるほど求め、哀しいまでに慕っています。ところがそんな親への思慕を打ち砕くようなひどい虐待を受けて、人間が信じられなくなったある子は、「お金しか信用できない」と風呂の中にまで財布を持ちこみました。

しかし、もっとも不幸なのは、彼らが生きていく上での指針になるような、自己形成モデルを持てなかったことでしょう。彼らの親は社会的に孤立し、経済的にも精神的にも、余裕を失っています。感情のコントロールができないため、子どもをかわいがったかと思えば、殴ったり、蹴ったりする。そうされた子どもは価値観が混乱して、何が良いことで何が悪いことなのか、わからなくなってしまうのです。

親子虐待や夫婦間のＤＶ（ドメスティック・バイオレンス）など、暴力的な雰囲気に支配された家庭で育った子どもにとって、暴力を用いない解決方法を学ぶことは欠くことのできない大きな課題です。私たち夫婦がモデルとなって、彼らが経験した家庭や親の姿とは違った形があることを示す必要があります。対立が起きても修復は可能だし、きちんと謝れば、和解できるのだと伝えたいからです。親としては、子どもたちが何度失敗を繰り返しても、謝罪をしたら受け入れます。

うちに来る子どもたちはみな、波乱万丈な生活を送ってきました。わが家に来て、変わらぬ毎日の中で、親代わりである私たち夫婦がきちんと応答する。そういう環境で、子どもは回復していきます。恒常性と継続性のある関わりは、子どもの心身の発達には欠かせません。

こうした深刻な発達上の課題をかかえる子どもを無条件で受け入れてくれる妻や妹の協力なしに本書は誕生することはありませんでした。家族の深い想いと協力に感謝します。

本書が思春期の子育てに悩む親にとどまらず、困難をかかえる子どもへの支援をする青少年臨床のワーカーの心に届くことを願ってやみません。

本書は小学館の子育て雑誌『ｅｄｕ《エデュー》』に3年間連載した原稿に加筆し、再構成したものです。木村順治編集長や平野佳代子さんには連載当初より本書刊行までお世話になりました。心から感謝申し上げます。

土井髙徳

どい・たかのり
1954年、福岡県北九州市生まれ。里親。「土井ホーム」代表。学術博士。保護司。福岡県青少年課講師、産業医科大学治験審査委員。心に傷を抱えた子どもを養育する「土井ホーム」を運営。医師や臨床心理士など専門家と連携し、国内では唯一の「治療的里親」として処遇困難な子どものケアに取り組んでいる。2008年11月、ソロプチミスト日本財団から社会ボランティア賞を受賞。
ブログ「絆――ファミリーホームの世界へようこそ」http://blogs.yahoo.co.jp/s_family_home

小学館新書 185

思春期の子に、本当に手を焼いたときの処方箋33

二〇一四年二月八日　初版第一刷発行

著者　土井髙徳
発行者　伊藤 護
発行所　株式会社小学館
〒一〇一―八〇〇一　東京都千代田区一ツ橋二―三―一
電話　編集：〇三―三二三〇―五六二三
販売：〇三―五二八一―三五五五

装幀　おおうちおさむ
印刷・製本　中央精版印刷株式会社

Printed in Japan　ISBN 978-4-09-825185-8

小学館新書

好評既刊ラインナップ

183
自閉症という謎に迫る
監修：金沢大学子どものこころの発達研究センター

なぜ、あの人は「自閉症」でこの人は違うの？　人格と障害、その境界線は？　自閉症の最新研究の成果を報告する。

186
新史論／書き替えられた古代史 2
神武と応神「祟り王」の秘密
関 裕二

初代神武天皇と十五代応神天皇は同一人物ではないか？　著者の史論で、ヤマト建国と天皇誕生の真相が明らかに！

191
なぜ「反日韓国に未来はない」のか
呉 善花

「歪んだ反日」が韓国社会、経済をダメにした！　韓国歴代政権の対日姿勢と最新データで読み解く、著者渾身の韓国論。

192
ヒンシュクの達人
ビートたけし

ヒンシュクを買いかねない毒舌も、本質を見抜く力があれば社会時評になる！　震災、政治、教育…、縦横無尽に語り尽くす。

193
土星の衛星タイタンに生命体がいる！
関根康人

メタンの海を持つ土星の衛星タイタンや、その他の天体に生命体は存在するのか？　最新の探査成果から大胆に予測する！

196
輪になれナニワ　ガンバ大阪の光輝と蹉跌
佐藤 俊

2013年、設立20周年を迎えた名門ガンバ大阪の、栄光と苦難の道のりを、遠藤保仁選手らの貴重な証言で振り返る。